Лабиринт от А до Я

**ОТВЕТЫ НА ВОПРОСЫ «КАК»,
«ЧТО» И «ПОЧЕМУ» О ЛАБИРИНТАХ
И ПРОГУЛКАМ ПО НИМ**

Клайв Джонсон

Перевод Ольги Аладько

Labyrinthe Press

Copyright © by Clive Johnson.
July 2019. First published in English March 2017.

All rights reserved. No part of this publication may be reproduced, distributed or transmitted in any form or by any means, including photocopying, recording, or other electronic or mechanical methods, without the prior written permission of the publisher, except in the case of brief quotations embodied in critical reviews and certain other noncommercial uses permitted by copyright law.

Labyrinthe Press
Leigh-on-Sea, United Kingdom
www.labyrinthepublishers.com

Book Layout ©2017 BookDesignTemplates.com
Cover illustration © iStock, by mammuth/Peter-Zelei
Other illustrations © sfermin
Distributed by Ingram

British Library Cataloguing in Publication Data
Labyrinth Alpha–Omega/Clive Johnson. –1st ed.
ISBN 978-1-9162277-2-9 (print edition)
ISBN 978-1-9162277-3-6 (electronic edition)

Also available as an Audible digital audiobook.

Paperback and ebook editions of this book are available in various languages.

Quantity sales. Special discounts are available on quantity purchases of this book. For details, please contact info@labyrinthepublishers.com.

Содержание

Предисловие 1
Введение 7
Лабиринты сквозь время 13
Почему лабиринт?....................... 31
Как войти в лабиринт? 63
Куда отправиться в ваше следующее путешествие к лабиринтам?........... 77
Примечания и ссылки 89
Библиография 96
Гид по ресурсам о лабиринтах 102

Предисловие

МЫСЛЬ О ТОМ, ЧТОБЫ отправиться в десятимильное дорожное путешествие может показаться безумной, по мнению многих людей. Предпринять такую поездку, таща большой свернутый рулон брезента, может показаться сумасшествием; особенно полагая, что вам получится убедить незнакомцев, которых вы встретите по пути, не только открыть вам двери и допустить, чтобы этот странного цвета коврик покрывал пол в их доме, но также поприветствовать каждого, кто захочет по нему пройтись, даже если этот каждый просто проходил мимо.

Признаюсь, у меня было много сомнений насчет запуска подобного проекта. С одной стороны, идея настигла меня довольно внезапно, сразу же после вдохновляющей встречи Объединения Лабиринт, сообщества, в котором состоят несколько сотен человек, которые фанатеют от поиска, создания, коллекционирования лабиринтов и ходьбы по ним.

Я едва ли думал о возможных вызовах, не говоря уже о количестве времени, которое такая экспедиция займет. Но по натуре я кочевник, и мне нравится думать, что я следую зову сердца – я цитирую того, кого называю «Великим Божеством».

Итак, сильно того желая и минимально спланировав осуществление этого проекта, я приступил к организации моей первой ночевки, сделал глубокий вздох, и пожертвовал более двух тысяч долларов со своих сбережений для того, чтобы создать лабиринт.

Та страсть, которая мною руководила, наряду с вдохновляющим растущим количеством поклонников лабиринтов, которые формируют основу участников Объединения Лабиринт, это то, что трудно выразить словами.

Лабиринты обладают магической привлекательностью – вы не можете пройтись по одному из них, неспешно шагая, как будто вы выгуливаете собаку. Все эмоции могут выйти на поверхность сразу после того, как вы ступите на дорожку лабиринта, наряду со свежими идеями, осмысленными раздумьями и вдохновляющим курсом действий, которые вы предпримете, как только выйдете из лабиринта.

Лабиринт — это древний архетип, секрет, который был известен нашим предкам на протяжении многих веков. Прогулка по ним не предполагает наличия квалификации или предыдущего опыта. Молодые и пожилые (и те, находящиеся между этими категориями); богатые и бедные; латиноамериканцы, коренные американцы или англосаксонцы; евреи, мусульмане, христиане и индусы; здоровые люди и люди с ограниченными возможностями; атеисты и агностики; горожане и сельские жители — лабиринт приветствует всех-всех ступить на его тропу, без осуждений относясь ко всем, как к равным.

«Никакой другой инструмент не выводит в центр внимания так много аспектов нашей жизни и не поучает нас так очевидно, как когда мы на одном пути», утверждает Генри Карри, бывший президент Объединения Лабиринт. «Ничто другое не обращается так эффективно к людям с разным религиозным и культурным прошлым».

Возможно, это одна из причин, почему прогулки по лабиринту стали столь популярными за последние несколько лет: поскольку ходьба каждого отдельного человека уникальна и совершена в их свободное время и в присущей им манере, лабиринт принимает всех.

Тот факт, что он объединяет в себе прекрасное разнообразие человечества — это одна из причин, почему я вовлечен в этот процесс, но также это возможность превзойти любую принадлежность к определенной религии или другой системе верований.

Он в действительности является межконфессиональным во всем, что он предлагает, и одинаково приветствует людей неверующих или имеющих свою точку зрения по поводу «духовных» вопросов.

В этой короткой книге я немного расскажу о том, почему я думаю, что лабиринт обладает такой мощью. Мы немного узнаем о нас самих – останавливаясь на различных местах и временах в истории, чтобы увидеть, как лабиринты использовались в различных культурах прежде, чем вернемся к нам нынешним, чтобы попытаться понять их актуальность для нас здесь и сейчас.

Мы рассмотрим, как лабиринты использовались для помощи людям в разных жизненных ситуациях – в том числе для исцеления, примирения и сближения общин. Этот короткий обзор его приминений ясно согласуется с размышлением о том, почему лабиринты оказывают такое воздействие на многих людей.

Мы выясним, какой результат вы можете ожидать, после того, как начнете свою прогулку, и предложим несколько мыслей о том, какой подход избрать, прежде чем начинать прогулку.

Для этого мы закончим тем, что посмотрим на некоторые доступные нам варианты, чтобы больше узнать и найти возможности осуществления прогулок в вашей местности или где-либо еще – либо с группой или членами сообщества, либо в одиночку, своим ходом.

Лабиринт от А до Я

Последний раздел книги предоставляет список книг, журналов, подкастов, веб-ссылок и обучающих видео, которые помогут вам исследовать лабиринты и наслаждаться ими впоследствии – включая возможность привнесения этой практики в ваш дом, компанию или сообщество.

Клайв Джонсон

Введение

ВПЕРВЫЕ Я ПРОШЕЛСЯ ПО лабиринту примерно десять лет назад. Меня привлекло небольшое объявление на задних страницах журнала о разных событиях, которое приглашало новичков присоединиться к прогулке по освещенному свечами лабиринту, который находился в церкви, неподалеку от того места, где я жил.

Тот факт, что то конкретное хождение проходило в церкви, не является особо важным — как я позже узнал, уже когда стал постоянным ходоком наряду с остальными, кто присоединялся к ходьбе по лабиринту во время того, или похожих вечеров, многие из них считали себя кем угодно, но не религиозными людьми. Но необыкновенная готическая архитектура этой высокой приходской церкви в жилом квартале Брайтона и Хоува в южной части Англии, наряду с неярким освещением и атмосферной живой музыкой, была тем, что меня впечатлило.

Стулья под широким нефом церкви были убраны для того, чтобы было больше места для большого полотна, на котором был нарисован лабиринт. Сто двенадцать свечей были выставлены вокруг лабиринта, контур которого был выведен на полотне королевским голубым цветом . Это гигантское творение правдоподобно повторяло модель и мерки знаменитого лабиринта Шартрского собора во Франции.

Он же был вдохновлен похожим полотняным лабиринтом, который раньше размещали в Соборе Грейс в Сан-Франциско – один из ранних образцов переносного лабиринта, который был принесен в общественное место в наши дни. Полотняный лабиринт Собора Грейс заменили на постоянный, встроенный в пол собора, что свидетельствовало о популярности оригинала.

Меня во время моей прогулки сопровождал приятный джентльмен с лучезарной улыбкой и родственной аурой (который с тех пор стал мне хорошим другом). Координатор этого события рассказал нам краткие факты из истории лабиринтов, перед тем, как дать некоторые инструкции для прогулки. Затем свет немного приглушили, наш ведущий сообщил об открытии лабиринта, ударив в тибетские музыкальные тарелки, и затем один за одним, не спеша, люди ступали вперед, чтобы занять свое место у входа на широкое полотно.

Я выждал время, около двадцати или более минут, перед тем, как начать свою прогулку. С тех пор я понял это ощущение, когда я двигался сам по себе: иногда я чувствовал желание двигаться в темпе, иной раз – идти очень медленно или не идти вообще.

Делая свой первый шаг на дорожку лабиринта, я чувствовал, будто переступаю порог. Войдя в лабиринт, я ощущал себя оторванным от того, что происходило снаружи – мои мысли были ограничены ходьбой и дыханием, больше от меня ничего не требовалось.

Мысль о пребывании в другом пространстве, когда ты в лабиринте, подчеркнул знаток лабиринтов Германн Керн, который утверждает: «Важно то, что внешняя линия [лабиринта] четко отделяет внешнюю сторону от внутреннего пространства [2] . Это внутреннее пространство является местом, где мы объединяемся с внутренним «я».

Я уже не помню многого из того, что было во время моей первой прогулки. Я знаю, что в конечном результате я оказался в центре – не то, чтобы это имело какое-либо значение, - и что я некоторое время лежал на полу, пока другие люди ходили вокруг меня. В тот день было много людей, некоторые шли за мной, пока я шел, некоторые шли мне навстречу из противоположного конца, а некоторые, кого я замечал периферическим зрением, приходили и уходили, появлялись и исчезали в своей ходьбе по извилистой тропе лабиринта.

Когда я закончил прогулку, я вернулся на свое место и дал себе время обдумать те ощущения, которые я только что испытал. Я ощущал спокойствие, воодушевление и комфорт там, где находился. Я, возможно, записал несколько мыслей, которые меня посетили во время ходьбы; сейчас я не могу вспомнить, но это не было бы чем-то необычным (неплохая идея – иметь под рукой записную книжку, когда вы закончите прогулку по лабиринту, на случай проблеска вдохновения или свежих мыслей, как это часто случается).

Я знал, что не хотел, чтобы этот случай ходьбы по лабиринту был разовым. К счастью для меня, в церкви проходили регулярные утренние сеансы прогулок, только использовался лабиринт поменьше. Я стал постоянно приходить на эти ранние прогулки, и вскоре подружился с группой ходоков по лабиринту, с которыми мы ходили на кофе с круассанами после наших прогулок. Некоторые из нас изредка ходили дольше, предпринимая очень медленную, медитативную прогулку к пляжу, который находился в нескольких кварталах на юг от церкви.

Через несколько лет случилась поездка в Шартр. Здесь, в определенное время, все еще возможно пройти по примерно 270-ти камням, которые очерчивают тропинку лабиринта на полу собора. При этом, это покоряет, когда ты представляешь бесчисленное количество посетителей, которые прошлись по этой дорожке с тринадцатого века н.э.

Клайв Джонсон

ГЛАВА 1

Лабиринты сквозь время

ЛАБИРИНТ В ШАРТРЕ особенно известен тем, что собор был важным местом назначения паломников в течение многих веков. Посетители включали тех, кто был неспособен отправиться в Иерусалим; лабиринт в свою очередь был символическим центром для паломничества.

Много кто ходил по холодной каменной плитке вслед за длинными и трудными путешествиями к святому городу, с его впечатляющим собором, который очерчивается за много миль. Для паломника прийти в центр лабиринта в таком великом соборе было сродни прибытию в Новый Иерусалим.

Дизайн лабиринта в Шартре поразительно красив. В основе узора – 112 лунных месяцев, или орнаментальные мотивы, которые обозначают внешние границы лабиринта. Обладая практически идеальной симметрией, лабиринт является таким же свидетельством грандиозности и шедевральности этого выдающегося собора, как и большое количество витражных окон, которые освещают пространство внутри, включая необычные окна-розетки, которые освещают северные и южные трансепты, а также замысловатые скульптуры, которые украшают экстерьер.

Часто говорят, что большие окна-розетки в западном конце нефа могут транспонироваться на план лабиринта, чтобы опускать его из вертикального положения на пол собора. Так или иначе, выдающийся исследователь лабиринтов Джефф Соверд опроверг эту теорию [3]. Тем не менее, тайны значений конструкции (рисунка) лабиринта все еще привлекают ученых: некоторые из них размышляют о том, что, возможно, когда-то это было место для проведения пасхальных церемоний, которые включали передачу шара среди священников, предполагают, что его использовали как тщательно продуманный календарь.

Также другие удивительные примеры священной геометрии находятся в этом пространстве, но лишь немногие обладают такими пропорциями, как лабиринт [4]. Готический шедевр в Шартре – один из числа соборов, аббатств и известных церквей, которые являются домом для лабиринта. Другие примеры включают лабиринты в Амьене, Пуатье и Сан-Квентине (также известно, что существовали и другие лабиринты, но они были разрушены).

Собор в Шартре – дом для наиболее известного лабиринта средневекового периода.

Где-нибудь в Европе лабиринты можно найти в других местностях, и, насколько мы можем судить, они использовались для различных целей.

У берегов Скандинавии и в Северной Германии, например, 600 каменных лабиринтов было найдено в поселениях, известных как «троянские города», поскольку эти структуры похожи на узоры лабиринтов, найденных на критских орнаментах, где изображалась Троянская битва.

Раскопки в Скандинавии повторяют классический дизайн. Например, всем известный стиль – «Балтийское колесо», который также можно найти в германоязычных странах. Близкое расположение скандинавских лабиринтов к берегу, возможно, означает, что они были важным местом сбора для рыбопромысловиков.

Предполагается, что жители сел собирались в лабиринтах для молитв или совершения ритуалов перед выходом в море. Молитвы возносились для их защиты, и собравшиеся просили у бога обильный улов. Также, возможно, что некоторые из них шли по лабиринту перед выходом в море, таящее в себе столько опасностей. Мы можем только предположить какие мысли приходили им в головы, в то время, как они это делали, и какой груз в сердцах они могли нести.

В отдаленной части континента, на островах и территориях, где властвовали греки, других примеров лабиринтов, реальных или приведенных в письменных источниках, или нарисованных на керамических находках, было множество. Несомненно, наиболее знаменитым из них является лабиринт во Дворце Кносса на острове Крит (хоть этот лабиринт и может быть известен из мифологии, но до сих пор не было найдено никаких подтверждений его существования).

Классический, средневековый и балтийский стили лабиринтов

Как вы, возможно, знаете, история знаменитой истории греческой мифологии «Помогите мечом» и Ариадне, причудливой дочери короля Миноса Критского, ужасающего монстра, в котором заперт шар талантливых нитей, Афинам удалось преодолеть центр Афин. возможно неизбежный лабиринт. После победы над Минотавром Тесей продолжил распутывать нить, а затем пошел к своему путешествию, которое было связано на другом конце. Пара убегает на остров Наксос, ругаясь на миноса с гневом и наказывая создателя лабиринта.

Лабиринт был построен Дедалом, искусным изобретателем, и служил заточением для Минотавра, которого Минос стеснялся назвать своим сыном. Каждый год семь молодых мужчин и семь молодых женщин отправлялись в лабиринт, как приношение Минотавру, чтобы утолить его ненасытный аппетит. После того, как Тесей разгадал загадку лабиринта и одолел Минотавра, Дедал хотел сбежать из царства Миноса, но сердитый царь заточил его в недоступной башне, как наказание за его возможное содействие Тесею. Мы вновь встречаем его в легенде, в которой также присутствует его сын Икар, который, как известно, летел слишком близко к солнцу, из-за чего расплавился воск на крыльях, которые его отец соорудил для него, чтобы сбежать из башни.

Лабиринт Дедала является тем, что мы сейчас называем «maze» (В английском языке есть два слова, которые переводятся как «лабиринт»: labyrinth и maze. Labyrinth – это такой тип лабиринта, в котором есть только одна дорожка, ведущая к центру. Maze – это головоломка, в котором есть несколько входов, несколько дорожек, а также определенное количество тупиков; целью в таком лабиринте есть не дойти до центра, а выйти из него.). В нем может быт много тупиков и перекрестков, которые построены, чтобы надежно удерживать Минотавра в центре, а также, чтобы поймать любого, кто посмел в него зайти. Тем не менее, Тесей нашел один верный путь – лабиринт – который не предназначен для того чтобы заманить или обмануть тех, кто ступает на его тропу. Современные головоломки-лабиринты (mazes) следуют тому же принципу – для тех, кто знает, в чем их секрет, есть несложный и единственный путь к центру.

Кстати, первое упоминание слова «maze» не появлялось в английском языке до четырнадцатого века и, возможно, было придумало Джеффри Чосером. До этого любая тропа, расчерченная для церемониальных целей, была известна как «labyrinth», французский и латинский эквиваленты которого labyrinthe и labyrinthum.

Идея головоломки-лабиринта (maze) – или структуры, которая является развлечением и сложной задачей из-за тупиков – не возникала до Елизаветинской эпохи, хотя известно, что разные цивилизации использовали лабиринты (labyrinths) для заманивания или запутывания случайного гостя.

Например, легенда из Махабрахараты о Абхиманью, сыне известного индусского воина Арджуны, гласит, что юноша был обучен тому, как вести себя на поле боя и как побеждать врагов, но не как возвращаться. Легенда изображена в Индуистском Лоре как лабиринт, который похож на критский, но отличающийся от классического варианта.

Индуистская версия, которая на санскрите известна как Чакра-Ваю (буквально, «строение для битвы на колесницах»), представляет собой расположение войск на модели лабиринта. Они были найдены во многих раскопках, а также в индуистской, тантрической и джайнистской литературе.

Древние лабиринты обычно выкладывались из камня на земле или формировали узор в мозаике на полу; садовые лабиринты (mazes) с изгородями были изобретением поздней эпохи Возрождения.

В отличие от лабиринта (maze), у лабиринта (labyrinth) есть только одна дорожка (чаще всего). Даже если есть две или более дорожек, они служат как средство входа – как в случае со специально сооруженными лабиринтами – любая дорожка ведет к центру лабиринта. В этом суть: не из-за чего волноваться, только следовать по дорожке и верить, что она приведет вас туда, куда вам нужно прийти.

Победа Тесея над Минотавром много раз разыгрывалась критянами и позже римлянами в так называемых «танцах журавля» вокруг лабиринта, также ссылаясь на триумф греков в Трое, также известная как «Троянская игра». Это приводит нам примеры, как использовались лабиринты – для церемониальных и праздничных целей.

Ранние христиане адаптировали миф о Тесее, чтобы изобразить опасность ада, в который попадают те, кто не следует по единому пути. Их попадание в центр было гибелью, а не спасением. Так или иначе, правильным будет заметить, что христиане также верили, что лабиринт был аллегорией душевного пути к Новому Иерусалиму, и что только неверующие могли закончить свое путешествие падением в ад.

Представления о лабиринте, возможно, не особо помогают, когда речь идет об использовании лабиринтов в наше время. Во-первых, мы обычно не входим в лабиринт, ожидая увидеть монстра или встретиться лицом к лицу с нашими страхами, а тем более не ожидаем не найти пути назад. Страхи могут неожиданно возникнуть во время медитации, и если они все же возникнуть, мы можем быть уверенны, что это только пойдет нам на пользу. Верно также, что лабиринты могут привести к тому, что мы увидим свою «тень» - часть себя самих, которую мы не узнаем, будучи собой, или от кого мы хотим убежать. Также, чтобы узнать и жить мирно с нашей «тенью» важно расти и быть полностью вовлеченным человеком.

Хотя, как правило, со времен римлян и в дальнейшем, лабиринты рассматривались как пространство для защиты. Они являют собой безопасное место, которое нас охраняет, даже когда мы контактируем со своими внутренними «я». Это же верно, когда дело касается каменных окружностей, лесных рощ, и кругов людей – все их них содержат положительную энергетику, которая удерживается духом сострадания.

К счастью, в сегодняшних лабиринтах нет Минотавров, сотрясающих землю в центре. Скорее, чем являясь местами, которые потрясают нас, это место для открытий и роста. Как метко выразился Германн Керн: «Вы не теряете себя в лабиринте. Вы находите себя» [5].

Классическая модель лабиринта (не та, чья цель - поймать вас в ловушку) мы можем увидеть в образцах, изображенных в

Балтийских лабиринтах троянских городов. Похожие образцы были найдены в лабиринтах, обнаруженных в Северной Америке и Индии.

Примеры этого паттерна можно найти в джайнских, индуистских и буддийских рукописях, а также в впечатлениях, которые были найдены из таких далеких мест, как Ява и Афганистан. Такие лабиринты датируются временем классической Греции и, очевидно, имели большое значение для восточных конфессий.

Также ранние лабиринты были найдены в Египте, например, в храме-гробнице, основанной фараоном Аменемхетом III. Еще раньше, он был изображен на глиняной дощечке, найденной в Кноссе, датированной примерно 1400 годом до н.э. Чуть более поздний пример, найденный на дощечке, выкопанный на месте дворца короля Нестора в Греции, является наиболее ранним упоминание лабиринта, которое было датировано 1200 годом до н.э. Тем не менее, лабиринты, вырезанные в виде петроглифов на скалах возле Понтеведры на северо-западе Испании, могут предшествовать этому на целых 800 лет, и образцы лабиринтов, обнаруженные на старых вавилонских табличках, можно с достаточной уверенностью датировать примерно тем же периодом. Ранние этрусские примеры также были найдены.

Ясно то, что у лабиринтов очень давняя история – возможно настолько давняя, как сама письменная история.

Неудивительно, что римляне заинтересовались лабиринтами, по крайней мере восхищались ими с точки зрения их художественной заслуги, если не их мистической или космологической значимости. Многие мозаики римской эпохи включают сложные модели лабиринтов, изображая угловатую дорожку, которая довершается переходом от одного сектора плоскости к другому.

Римский поэт Плиний Старший (24/24-79 гг. н.э.) включает список лабиринтов в свою «Естественную историю», предполагая, что лабиринты имели эстетическое значение для римлян (хоть список Плиния в основном описывает ужасающие подземные лабиринты (mazes). Важность лабиринта как символа сохранилась в теперешней Италии и кое-где в Западной Европе после падения Западной Римской Империи, хотя гораздо более часто обнаруживаются вырезанными на колоннах или стенах соборов, как путь, который можно пройти [6].

В кельтском мире лабиринты, скорее всего, играли важную роль. Спиральный и поднимающийся лабиринт на Холме святого

Михаила возле древнего города Гластонбери в западной Англии – известный пример, находящийся в местности, которая может иметь геомантическое значение [7].

Итальянский путешественник Джернот Кандолини вспоминает одно объяснение значения этого лабиринта, которое он узнал от человека, которого он встретил в священном месте во время путешествия лабиринтами Европы: «Лабиринт – это чрево матери», - утверждает он. - «Пуповина, ведущая к земле». «Это танец женщин», - сказала женщина. – «И вы, мужчины, никогда этого не поймете» [8]. Если это - правда, что лабиринт является «символом Земли, чревом души, и танцующей землей», как другой наблюдатель сказал Кандолини по время визита в Гластонбери, мы можем справедливо утверждать, что лабиринт силен в объединении нас с землей, по которой мы ходим, и которая дает нам пищу, и на которой мы строим свои дома – Матушка Земля или Гея.

История лабиринтов в Северной и Южной Америке остается в значительной степени невысказанной историей. Рисунки были обнаружены в Бразилии, Южной Америке, в то время как есть многочисленные упоминания в истории коренных народов Америки начиная с восемнадцатого века. Лабиринтные петроглифы присутствуют в нескольких юго-западных штатах, в частности в Нью-Мексико и Ари-Зоне, и являются одними из самых ранних упоминаний о лабиринтах, обнаруженных в Северной Америке.

Мысль о лабиринте, как о Матушке Земле, дающей жизнь, отслеживается во многих представлениях коренных американцев. Духовное возрождение и процесс прохода от одного мира к следующему, также рассматриваются в символизме лабиринта народа Хопи.

Значительные вариации классических моделей найдены в рисунках и плетениях корзин коренных американцев, включая квадратные лабиринты с двумя входами, и модель, соединяющая знакомые круговые дорожки классического лабиринта с искривлениями, похожими на паучьи лапы (смотрите диаграмму внизу).

Пример лабиринтного плетения корзины народа Пима 1920 года, изображающего необычную вариацию классической модели.

Лабиринт сегодня

Итак, мы приближаемся к сегодняшнему дню. Считается, что больше лабиринтов было создано за последние двадцать лет, чем за всю историю человечества. В некоторой степени это неудивительно – население Земли выросло экспоненциально за последнюю сотню лет, и так, конечно же, у нас есть больше эффективных средств для производства переносных артефактов и передачи информации о них, чем было у наших предков.

В своей книге «Прогулка по священному пути» (*Walking a Sacred Path*) Преподобная д-р

Лорен Артресс описывает беспрецедентный интерес к лабиринту в Соборе Грейс в Сан-Франциско, который впервые был открыт для посетителей в канун Нового 1991 года.

Мероприятие было упомянуто в новостной статье, но никто не мог предположить, какая очередь сформируется снаружи великого собора на Ноб-Хилл с шести вечера до полуночи. «Открытие лабиринта для общественности было подобно открытию шлюзов плотины», - вспоминает Артресс [9]. «Это было невозможно сдержать, пути назад не было. Многое никогда не станет прежним».

Какими правдивыми оказались эти слова. Популярность лабиринта в Соборе Грейс была настолько велика, что вскоре Артресс попросили приехать и к другим лабиринтам, как в Соединенных Штатах, так и во всем мире.

Важным новшеством лабиринта в Соборе Грейс было использование переносного полотна, которое можно было транспортировать с места на место, расстилать в определенном месте, а затем сворачивать обратно, чтобы пространство можно было использовать для других целей. Благодаря призванию Лорен Артресс или раннему вдохновению учителя Новой Эры д-ра Джин Хьюстон, лабиринт был воссоздан как популярное пространство для исцеления, медитации, размышления, создания сообщества, миротворчества и других целей.

Переносные лабиринты могут быть сданы напрокат и поделены между несколькими группами сообщества. Инициатива Лабиринт во всей Америке (Labyrinth Around America) не была бы возможна без таких новшеств, явно требующих наличия лабиринта, который можно транспортировать с места на место. Тем не менее, долговременные лабиринты также были созданы во многих местах. Некоторые произведены из камня, кирпича или шиферных плит, другие сделаны путем соединения резиновых ковриков; некоторые выкашиваются в траве, другие размечаются из пеньков деревьев.

Для тех, у кого есть возможность путешествовать, или тех, кому посчастливилось жить возле таких мест, по лабиринтам, построенных нашими предками, все еще можно пройти во многих местах – например, по гигантскому торфяному лабиринту в Сафрон-Уолдене в графстве Эссекс (Великобритания), лесной лабиринт в монастыре Дамм в Германии, и, конечно же, лабиринты, украшающие полы в Шартрском Соборе и других церквях в Северной Европе.

Недавние примеры включают лабиринт с одиннадцатью окружностями, который возвышается над Тихим океаном в Лэндс Энде в

Сан-Франциско, лабиринт на краю гор Аматоле в Южной Африке, а также инсталляция Университета Святого Томаса в Хьюстоне, Техас. Возможно, возле вашего дома тоже есть лабиринт? А возможно, вы будете тем, кто создаст новый?

ГЛАВА 2

Почему лабиринт?

ЕСЛИ ЛАБИРИНТЫ НАХОДЯТСЯ В столь многих местах во всем мире, охватывают большой отрезок истории, и много тысяч людей обнаружили реальное предназначение желания пройти по ним сегодня, мы с уверенностью можем спросить, почему лабиринты обладают такой привлекательностью. Какова цель прогулок по лабиринту, и что происходит с человеком, когда он ступает на его дорожку?

Как уже может быть понятно, исходя из нашего краткого тура о месте лабиринтов в истории, не существует единой цели, которая может объяснить привлекательность лабиринта. Лабиринты по-разному использовались в празднествах (как в случае с «журавлиными танцами», которые исполнялись, чтобы вспомнить победу Тесея над Минотавром), как место сбора для молитв и приготовлений (например, как скандинавские рыбопромысловики, которые приходили, чтобы попросить о защите в своих опасных путешествиях), и также как дорога для паломничества (как, например, многие паломники приходили к большому лабиринту в Шартре или где-либо еще).

Лабиринты также относят к местам, где играли в игры, проводились священные ритуалы и куда приходили давние враги, чтобы отставлять разногласия.

Наиболее важно, несомненно, беря в учет их популярность в современное время, что примерно по прошествии нескольких тысячелетий, люди приходили к лабиринту, чтобы войти в него, отгородиться от проблем повседневной жизни и просто чтобы «быть».

Об идее «простого бытия» говорят довольно таки часто в последнее время, и очень просто отклонить понятие, когда оно является довольно необычной и избитой идеей.

Для меня разрешение себе «быть» означает перестать фокусироваться на событиях, которые произошли, и вещах, которые могут произойти. Оно означает отказ от идеи необходимости делать что-либо, разве что на мгновение – просто чтобы осознавать, что мы дышим и что мы живы. Оно также означает присутствие, или даже испытывать то, что происходит в данный момент – например, замечать звуки на заднем фоне, игру ветерка на нашей коже, или просто наблюдать, как мы стоит (или какую позицию мы можем занимать) и нашу связь с землей.

«Бытие» означает становиться осведомленным, что мы живем в теле, и что у нас также есть духовная жизнь. Открывая наши тела для принятия, и находя нашу сущность, когда мы дышим, лабиринт помогает нам объединиться с этой более глубокой жизнью, которой мы частенько уделяем слишком мало внимания.

Любопытно, что переживая редкие моменты, минуя моменты «бытия», мы, кажется, теряем ощущение настоящего времени; то, что кажется мгновенным, может быть более длительным, если мы сверимся с часами. Или же наоборот, то, что, кажется, длится долго, может быть всего несколькими минутами на наших часах.

Прогулки обычно переносят нас к новому типу осознанности – не только к той, к которой обычные правила времени не применяются, но также те, в которых мы оказываемся в другом состоянии бытия в целом.

Как считает Лорен Артресс: «Когда мы ступаем на тропу лабиринта, новый мир приветствует нас. Этот мир не состоит из трещин и разделений между разумом и телом. Выплетенный в пределах этого опыта, он является новым видом реальности» [10]. Итальянский поклонник лабиринтов Джернот Кандолини делает похожее заявление: «В то время как человек идет, [он] учится прислушиваться к своей душе» [11].

Прогулки по лабиринту могут вовлекать подобные моменты – отчасти потому, что мы принимаем решение не беспокоиться о том, что время пролетает, но я также думаю потому, что когда мы полностью осознаем свое бытие, что-то необычное случается. Это одна из сложно объяснимых вещей, которые часто случаются во время многих форм медитации (и прогулка по лабиринту – это один из способов практиковать медитацию).

Мы отметили несколько других причин для прогулок по лабиринту, включая получение вдохновения, уверенности в себе и рекомендаций. Не редким есть подход к лабиринту с определенным вопросом в уме, возможно, касаемо проблемы, которая вас беспокоит, или когда вам необходимо принять решение, какое направление принять, чтоб двигаться вперед.

Если вы помните вопрос, пока направляетесь к центру лабиринта, но не анализируете его или перебираете разные мысли в уме, обычно возникает свежая идея или вдохновение. Не всегда это происходит во время прогулки, но может возникнуть в осознании немного позже, когда вы меньше всего будете ожидать этого.

Психологи также могут что-то сказать о том, что же происходит, особенно те, кто является последователем учения известного швейцарского психолога Карла Юнга. Юнгианцы могут предположить, что когда человек позволяет себе отделиться от своих обычных мыслей, он становится более чувствительным, привнося в сознание то, что обычно находится на подсознательном уровне. Когда мы копаемся внутри себя, они предполагают, что у нас есть способность подключиться в неограниченной мудрости и опираться на то, что зовется коллективным подсознанием или великим хранилищем знаний, опыта и проектов для жизни, которые доступны для любого человека.

Следовательно, если мы доверяем коллективной мудрости каждого в истории больше, чем полагаемся на свой собственный, ограниченный, аналитический разум, это не должно нас удивлять, что неожиданные идеи начинают возникать, когда мы входим в лабиринт.

Это может быть объяснением, предложенным многими психологами, но последователи определенных идей традиций веры могут предпочитать говорить с точки зрения наших возможностей «соединяться с сердцем» или «вступать в контакт с Богом/Божеством/Истинным Источником», когда мы можем дать нашему эгоистичному разуму покой. Австралийский журналист и исследователь лабиринтов Вирджиния Вербери отмечает «чувство, сердце, связь и индивидуальность» как концепты, которые лежат в основе нашего нынешнего тяготения к лабиринту [12].

Я не думаю, что имеет значение, чье объяснение правильное, и пока опыт других людей убеждает их тем или иным способом (и меня в том числе), возникновение вдохновения и наставления во время медитации или прогулки по лабиринту не может быть эмпирически доказано.

Тем не менее, я считаю увлекательным рассмотреть возможность другого мнения, выдвинутого юнгианцами – понятие архетипа. Архетипы – это модели поведения или, по-другому, модели жизни, которые существуют в подсознании.

Как в случае с концептом коллективного подсознания, архетипы являются частью нашей расширенной ДНК — мы рождены и со способностью, и со склонностью подключения к этим вечным проектам жизни, которыми руководились наши предки, и которые могут сориентировать и нас. Примеры включают персонажей, которые хотят быть сильными и самодостаточными; волшебника, чей девиз — мы строим свою жизнь, исходя из своего воображения; и мудрая женщина или мудрец, чьи жизненные испытания и созревание ведут их к целостности.

Некоторые утверждают, что лабиринт сам по себе есть архетипом, даже если это то, что мы не только видим, но и по чему можем пройтись. Возможно, он олицетворяет «Великую Мать», Гею, бесконечно целостный организм, зовущийся Землей, где все мы — живые и неразрывно соединенные части.

Для других лабиринт обладает космологическим значением, возможно, потому, что является моделью Космоса, со своей вечно эволюционирующей жизненной деятельностью в своем разнообразии и очевидных единичных проявлениях, которые каким-то образом объединены, и которые сливаются воедино там, что мы представляем обычным центром.

Но мы опережаем сами себя. То, что лабиринт может или не может олицетворять, не имеет значения. Нам не нужно знать, почему вдохновение приходит во время прогулки или почему мы чувствуем себя умиротворенными или отстраненными от земного времени. Нам просто нужно поверить, что лабиринт сотворит свою магию, и просто «быть».

Одна из прелестей лабиринта – это то, что никто не знает, для чего он был предназначен с самого начала, и почему его примеры можно найти в столь разных частях мира, или почему люди испытывают потрясающие ощущения, идя по нему. Когда мы приближаемся к нему, мы подходим к чему-то, по моему мнению, священному; тому, что содержит в себе тайну и силу.

Я думаю, что это определение – таково, каким оно должно быть. Мы не должны ожидать того, что лабиринт легко откроет свои секреты. Все, что нужно делать, - идти, и, если получится, поверить в версию «правды» нашего эго на какое-то время.

Альфа и Омега

Для меня лабиринт олицетворяет «Альфу и Омегу» человеческой жизни и его единения с «целым» - слияние индивидуальности с отдельной единой сущностью. Это, несомненно, мое восприятие в момент входа в центр: я замечаю, что являюсь всего маленькой частью неизменного созвездия ходоков вокруг меня.

Если «Альфа» - это эгоистичная индивидуальность (очень точно «Альфа-мужчина» описывает того, кто хочет доминировать в группе), тогда «Омега» - это целое, истинное существо и превосходство индивидуальности.

Центр – это место единения, место, где можно недолго отдохнуть и быть поглощенным тем, что находится вокруг. Греческая буква Омега переводится на английский как «О» - и это единственный способ, как я могу описать пространство внутри лабиринта. Также я считаю, что моя точка зрения является необъективной из-за моей заинтересованности в мистицизме и духовности. Это всего лишь одно из возможных объяснений мощи лабиринта.

Ощущения во время пути

Что же происходит, когда вы ступаете в лабиринт?

Проще говоря, не существует одного общего понятия ощущения, сопровождающего каждую прогулку. Разные люди в разное время могут познать много разных переживаний, так же, как и один и тот же человек познает во время разных прогулок. Каждая прогулка происходит впервые. Каждая прогулка уникальна.

Позвольте мне описать пример из моего опыта, хотя я должен подчеркнуть, что я не уверен, что его можно отнести к числу «типичных». Прогулка каждого отдельного человека уникальна, несмотря ни на что! Для иллюстрации, я хочу привести пример прогулки, проведенной посредником, а не прогулку в лабиринте, который доступен в любое время.

Я обычно подхожу к лабиринту с намерением отпустить мириады назойливых мыслей, которые возникают у меня в голове: я рассматриваю лабиринт как место для медитации, и принимаю все, что может меня настигнуть в видениях, мыслях или чувствах. Другими словами, во время своего пути к центру я не обдумываю заранее конкретные вопросы или ожидания того, что я могу испытать. Я просто позволяю себе «идти», учитывая то, что это может быть единственной возможностью за ведь день, когда я могу это сделать.

Так, где существует возможность, я обычно жду какое-то время, пока лабиринт откроется, до тех пор, пока не почувствую момент, чтобы сделать шаг вперед и начать свою прогулку. Ничего, кроме легкого импульса, не побуждает меня сделать этот шаг, но этот толчок обычно как будто приходит где-то из середины меня, а не возникает сознательно… Я обычно не делаю подобных расчётов: «я вижу что, большой разрыв появляется между ходоками впереди меня, поэтому сейчас самое время сделать шаг!».

Конечно же, один или несколько людей могут почувствовать побуждение войти в лабиринт в то же время, что и я. В таких случаях я займу место в очереди до тех пор, пока ведущий прогулки не подтолкнет меня ступить на дорожку. Так или иначе, я люблю выждать момент снаружи у входа в лабиринт перед тем, как сделать первый шаг. Это дает мне возможность осознать, что я собираюсь войти в другое пространство, отличающееся от того, в котором я нахожусь – знак уважения к лабиринту, похожий на то, когда прихожанин римско-католической церкви перекрещивается, подходя к алтарю.

Я думаю, что когда мы делаем первый шаг в лабиринт, мы переступаем порог. Сродни это входу в лиминальное пространство или нет (место, где мы оставляем все известное нам, но еще не знаем, что обнаружим там, куда мы направляемся), я не знаю, но для меня, войти в лабиринт – это оставить внешний мир снаружи.

Мысль о переступании порога – это одна из целей, для которых создавался лабиринт. Как ритуал в церемонии, переступание линии, через или над какой-то материальной конструкцией, которая олицетворяет черту, часто символизирует обязательство двигаться к новому этапу в жизни.

В обряде церемонии прохода: например, когда юная женщина или мужчина переходят из подросткового в зрелый возраст, столкнуться с такой чертой, а затем переступить ее, означает готовность человека принять новые обязательства, которые будут их ожидать на новой главе жизни. Инициация подростков во взрослую жизнь в некоторых племенах Африки, например, переходит в обряд танца в лабиринте (как танец Домба, исполняемый молодыми женщинами народа Венда).

Следовательно, лабиринт играет важную роль в церемониях, который отмечают важные жизненные переходы.

Вхождение в лабиринт обычно не ассоциируется с переходом из одной фазы жизни к другой, но я считаю, что каждая прогулка включает осознание возможности того, что вы каким-то образом изменитесь, даже если это будет не сразу очевидным.

Я иду по тому пути, который кажется правильным. Движение по дорожке – не гонка, и, возможно, иногда, как утверждает Джернот Кандолини: «Те, кто идут слишком быстро, обычно пробегают центр, даже не заметив его» [13].

Я расслабляю свои глаза или не задерживаю свой взгляд на чем-то конкретном. Я обычно не особо замечаю своим периферическим зрением дорожки, по которым идут другие люди, я смотрю туда, куда ступает моя нога, в противном случае мой фокус сосредоточен внутри меня. Я даже не думаю о прибытии в центр, это все равно не будет иметь никакого значения. Прогулка – это то, что имеет значение, а не место назначения.

Мой темп временами может ускоряться или замедляться. Иногда я могу чувствовать желание недолго отдохнуть, сосредотачиваясь на переходе дыхания через мое тело или осознании сильной связи моих ног с землей, подобно дереву, чьи корни закопаны в землю.

Некоторые модели лабиринтов, как в Шартре, имеют опции сойти с лабиринта за короткий период времени. Эти особенности, например, места в форме двубортного топора в узоре Шартрского лабиринта, который называют лабрис, это места, где можно остановиться, присесть или опуститься на колени ненадолго, не прерывая прогулки других ходоков.

Тем не менее, пройти рядом или навстречу другим людям, или когда вас обгоняют другие, - это другой аспект красоты лабиринта. Конечно же, возможно идти по лабиринту в одиночестве, но когда другие делят пространство с вами, что случается чаще, это создает специальные моменты осознанности, что мы все части великого целого. Есть что-то особенное в энергии прогулки по лабиринту вместе с другими людьми.

Говорят, что лабиринт – это метафора жизни: люди следуют своими путями, но мы все идем к одному месту назначения (чтобы осознать наш потенциал, как личностей, спастись от невзгод повседневной жизни или найти просветление). Во время жизненного пути, разумеется, мы встречаем других людей – они могут идти навстречу нам, проходить нас или появляться на периферии нашего внимания. Такие встречи случаются и в лабиринте, но исключают разговоры или битвы на мечах.

Мы не знаем, что ощущают другие во время прогулок, какие мысли поглощают их – все, что мы знаем, это то, что все мы идем вперед, своей походкой и по своему пути.

Если лабиринт моделирует повседневную жизнь, то также может быть изображением полного цикла жизни – от рождения на входе, по пути к «смерти» через старые способы мышления и поведения в центре, и затем выход из лабиринта как перерождение.

Это может рассматриваться как исключительно христианский способ мышления об одном аспекте символизма лабиринта. Тем не менее, понятие о жизни как о цикле смерти и перерождения крепко укоренилось в восточных традициях так же, как и в языческих; например, в индуистских, буддистских и друидских традициях. Так в случае с друидами круговое пространство также олицетворяет цикл пор года, а его внешний край обозначает орбиту земли, и его центр – солнце, источник всей жизни на Земле.

Я чаще всего узнавал о других, когда проходил по внешнему кругу лабиринта. Мое наблюдение таково, что я являюсь человеком, который ходит вокруг краев жизни довольно таки часто, зачастую ощущая себя хорошо в своем одиночестве, но успокаиваясь от того, что я на самом деле не одинок.

Обычно я разгоняюсь ближе к внешнему кругу – я не знаю, чем это спровоцировано, но, похоже, что набирание оборотов ближе к центру, чаще с «чистой дорогой» впереди меня. Жизнь сама по себе, несомненно, включает периоды, когда мы движемся вперед довольно быстро, а также когда мы замедляемся. Небольшие наблюдения такого типа, которые могут сопровождать прогулку, это примеры легких размышлений, которые выходят на поверхность и обычно обходят нас стороной.

Есть также что-то в движении в круговом направлении, что создает поток энергии.

Известно, что Чарльз Дарвин прогуливался по песчаным круговым дорожкам в своем саду в графстве Кент, где, возможно, он сформулировал свои теории возникновения видов. Такая практика, скорее всего, была благотворной для него, пока он формулировал свои идеи.

Подобно этому, одно из нынешних использований лабиринта – для решения проблем. Например, Сиг Лоунгрен описывает технику, в которой отдельный вопрос, имеющий отношение к проблеме, может быть обдуман на каждом круге классического лабиринта [14].

Спирали имеют подобный эффект, хотя строго говоря, спираль – это не лабиринт. Предшественник приводит кого-то, кто давно ходит близко к центру и может не быть виртуально полностью отторгнут внешним периметром. Путь лабиринта, наоборот, обычно приближается к орбитам разных размеров или имеет «приходящий и уходящий» путь по направлению к центру.

Много моделей лабиринта, как знакомый узор средневекового стиля, включают частые повороты, которые приводят нас назад в направлении, откуда мы только что пришли.

Оригинальная черта средневекового (Шартрский) узора в том, что его извилистый путь местами приближается к центру, а затем уводит ходока назад к внешнему краю опять. Если только вы не сильно знакомы с этим узором и не осознанно замечаете направление, по которому вы идете, вам будет сложно понимать, где вы находитесь посреди пути – центр может быть очень близок, но все еще на приличном расстоянии от вас.

Я думаю, что приход и уход, вперед и назад от центра, часто заставляет меня очнуться на поворотах, если мой разум витает в повседневных делах – он служит напоминанием отключиться и просто позволить себе идти.

Есть что-то в перемещении целого тела в «приходящем и уходящем» ритме, который довольно таки энергичный, я чувствую, что игра энергии усиливается благодаря отношению нашей меняющейся позиции и других, прогрессирующих в своих прогулках. Физики могут вмешаться, предложив аналогию с гравитационным притяжением звезд и планет, но я пропускаю такие сравнения, без определения их важности.

Для паломников, которые прошли длинный путь к Шартрскому собору или любому другому, достичь центра лабиринта было сродни прибытию к самим вратам рая. Для меня, приход к центру чаще всего является всего лишь точкой в путешествии. Я обычно склонен подождать там немного, часто сидя и закрыв глаза, ощущая себя безопасно и приземленно, позволяя тихому движению коллег по прогулкам вокруг меня соединяться в неясные очертания.

Так или иначе, для многих приход в центр имеет больше значение. Вот как утверждает Вирджиния Вестбери: «[место, которое символизирует] полноту и завершенность, суть дела, наше человеческое сердце» [15].

Иногда, когда я заходил в лабиринт с вопросом, отдых в центре давал возможность услышать и получить то, что может прийти – или немного подождать возможный ответ, если я не уверен, что получил исчерпывающий ответ (по сути, полученный ответ может восприниматься на подсознательном уровне). Мой путь наружу – это когда я благодарен за то, какой ответ получил, и что я открыт тому, как я могу это соединить со своей повседневной жизнью.

Что касается отдыха перед началом прогулки, я обычно жду какого-то внутреннего побуждения идти назад из центра. Находясь в пространстве лабиринта, мой обратный путь часто кажется более быстрым, чем мой путь вовнутрь. Я осознаю, что я, шаг за шагом, приближаюсь ближе к точке, где мне снова предстоит переступить через порог к повседневной жизни, оставляя святилище лабиринта. Это не та перспектива, которой я рад, но я осознаю, что это означает, что я выйду из лабиринта лучше подготовленным встретиться с днем, который меня ждет, чем я был до вхождения в него. Я возвращаюсь в какой-то мере преображенный, даже, говоря метафорами, воскреснувший.

Если лабиринт иногда сравнивают с лоном природы, возможно, так это представлялось создателям балтийских лабиринтов, тогда правдивым будет замечание, что лабиринт – это место для воскрешения или место, где мы можем готовиться к возвращению в реальный мир преобразованными.

Иногда возникают обсуждения, что что-то похожее возникает, когда мы глубоко погружены в сон – якобы мы примыкаем к тому уровню сознания, позволяющий нам обдумывать это действие, узнавать что-то новое, что наделяет нас свойствами, позволяющими давать отпор вызовам, которые могут ожидать нас впереди. Через такие встречи с нашим внутренним «Я», душа может расти.

И мы вновь оказываемся на территории догадок, но я подозреваю, что что-то более мощное, чем мы догадываемся, случается, когда мы делаем шаг навстречу центру лабиринта. Я согласен с Сигом Лоунгреном, который утверждает, что «лабиринты могут создавать магию – моменты, которые соединяют миры…усиливая возможность объединения нашего аналитического или рационального режима сознания с нашим интуитивным или духовным уровнем сознания» [16].

Несомненно, это для меня тот случай, когда скорость моего дыхания успокаивается, а напряжение покидает мое тело. Если бы я надевал гарнитуру ЭЭГ во время прогулки, более чем вероятно, я бы узнал, что мои мозговые волны скорее следуют модели Альфа или Тета, чем волны Бета – типы, которые способствую спокойствию и помогают объединять разум и тело. Он может совпасть с моделью, наблюдаемой в исследованиях теми, кто пребывал в глубокой медитации, так же, как и теми, кто находятся в глубоком сне [17].

Часто я сомневаюсь перед тем, как выйти из лабиринта; но только на секунду, потому что я знаю, что моя прогулка должна подойти к концу. Как и в случае с переступанием порога лабиринта, когда я начинаю прогулку, сойдя с его пути, я обычно молча благодарю за то, что было мне дано, прежде, чем вернуться на свое место.

То, что я описал, это всего лишь пример одной прогулки. Каждая прогулка, которую я предпринял в лабиринте, была другой, представляющей неожиданные мысли, видения и чувства. Более того, каждая прогулка в какой-то мере меня тронула – я чувствовал умиротворение, безопасность и, лишь иногда, беспокойство. Изменения, которые могут произойти в лабиринте, как мне кажется, являются полезными, и соответствующие тому уровню жизни, которого я достиг. Я уверен, что то же самое случится с любым другим человеком, даже если их опыт отличается от моего.

Пока достаточно о том, что случается с человеком в лабиринте. Я бы хотел вернуться и рассмотреть некоторый из применений прогулок по лабиринту, которых мы пока не касались.

Применения лабиринта

Один хороший пример, с которого стоит начать, это лабиринт, который использовали с целью устранения разногласий после конфликта. Лабиринт примирения в Южной Африке включал два входа в своей модели. Клэр Уилсон, его дизайнер, объясняет, что два портала представляют разные места, куда южные африканцы прибыли в годы апартеида.

В то же время, этот необычный дизайн служит напоминанием, что хоть и опыт, который привел людей туда, откуда они походят, может сильно отличаться, заходя вперед, каждый ходок делает это с желанием исцелить раны отделения и, как утверждает Уилсон, «вырасти в силе нашего разнообразия, дать старт нашим будущим путешествиям... [создать] Южную Африку, где люди на самом деле заботятся друг о друге, и что жизненный опыт нам принес» [18].

Проходя мимо других людей, идя той же проторенной дорогой, лабиринт помогает людям ценить то, как сложились их жизни, прежде чем они приходят в общий центр.

Первый лабиринт, имеющий примиряющую функцию, был открыт в пригороде Кейптауна в 2002 году. Намного больше лабиринтов было создано с тех пор по всей стране, на постоянной или временной основе. Один из них сейчас находится на постоянном приспособлении рядом с маяком Сленгкоп в Каумаки, недалеко от Кейптауна. Здесь проводятся трехдневные обучающие курсы для детей, каждому из которых дается шанс пройти по лабиринту со своими юными будущими согражданами, происходящими из разных местностей.

Дизайн Уилсон был скопирован в других местах во всем мире: также в школах, терапевтических и общественных местах. Роль лабиринта в построении связей часто образуется на основе человек-человек или организация-организация, как в предоставлении пути после напряженного периода в истории нации. Например, один из таких лабиринтов в Калифорнии используется, чтобы помочь разведенным родителям найди способ сотрудничества, чтобы разрешить уважать общее пространство, которое необходимо для того, чтобы защитить интересы их ребенка [19].

Потенциал лабиринтов служить объединяющей и миротворческой цели служит примером также в других инициативах. В 2002 году на Зимней Олимпиаде в Солт-Лейк-Сити, например, семикруговой лабиринт был открыт как один из способов для ободрения встреч персонала, атлетов и гостей из разных стран.

Этот Лабиринт Мира во всем Мире изображал семь кругов в своей модели, которые символизировали семь континентов. Входя в лабиринт, ходоки имели возможность делиться опытом в обычной, мирной и безденоминационной манере.

Вдохновляясь примером Солт-Лейк-Сити, служитель Пресвитерианской церкви во Флориде и поклонница лабиринтов Кэтрин МакЛин стала со-основательницей переносной версии той же модели, которую она использовала во многих инициативах по построению сообществ в ее родном штате и в других местах.

Другие инициативы лабиринтов должны были помочь исцелить и отстроить сообщества, среди тех сообществ, которые пострадали от коллективной травмы. Примеры включают лабиринты в Лонг-Бич, Миссисипи, который использовался местными сообществами для восстановления их жизней после ущерба, нанесенного ураганом Катрина, как и после вытоков нефти в Мексиканском заливе; лабиринт в церкви Тринити на Уолл-Стрит/церковь Святого Павла возле Граун-Зиро в Нью-Йорке; и лабиринт, использовавшийся военнослужащими в тридцатом батальоне генерал-адъютантов, где они находили тихую гавань для раздумий и реинтеграции после их возвращения из Ирака или Афганистана.

Ценность лабиринта для сообществ была признана многими местными учреждениями. Лабиринты были основаны в парках, скверах и других общественных местах, часто поражающие воображение и побуждающие людей принимать участие в их создании.

Например, на городской площади в горном поселении Ла Фальда в Аргентине, городе, куда бежали многие нацисты по окончанию Второй Мировой войны, один из таких лабиринтов был создан жителями при поддержке городских властей, а также при поддержке калифорнийской организации лабиринтов Veriditas.

«Мы надеемся, что наш лабиринт поможет людям объединяться, улаживать давнюю вражду, исцеляться», - комментирует Джудит Трипп, одна из четырнадцати защитников лабиринтов, которая приехала в Ла Фальда помогать моделировать и сооружать лабиринт [20].

Одинаково ценным наследием, которое помогло популяризировать прогулки по лабиринтам в другой части мира, была впечатляющая инсталляция из песчаника в Сентенниал парке в Сиднее, Австралия. Это постоянное приспособление смоделировано по Шартрской модели, и во многом было создано как результат видения и самоотверженности всего одной женщины.

Проект начался как идея Эмили Симпсон, которая вдохновлялась созданием лабиринта в ее родном городе, после того как она обнаружила объединяющую силу лабиринта во время тура по Шотландии. Спустя годы тяжелой работы и сбора средств, лабиринт в Сентенниал парке в Сиднее был открыт в 2014 году, где присутствовали представители многих религий, вместе со сторонниками, которые помогли Эмили собрать 500 тысяч австралийских долларов, которые были нужны, чтобы осуществить проект.

Один из мудрейших хранителей Сиднейского проекта, старшина-абориген нации Бирипи, дядюшка Али Голдинг, подытожил, что этот лабиринт значит для многих людей:

«Возвращение домой в деревню – это связь, которую наши люди всегда имели с Матушкой Землей. Наша культура определяется близостью семейных циклов и тем, как ты объединяешься с людьми в них. Лабиринт приглашает и приветствует людей пройти путь вместе – он зовет их в места единства».

Через несколько лет после его создания, регулярные прогулки по лабиринту стали важной частью жизни многих жителей Сиднея. Групповые прогулки на закате часто проводятся здесь, и каждый день, занятые коллекторы, мамы с колясками и посетители из дальних краев останавливаются в спокойном пространстве лабиринта.

Вовлечение сообществ к построению лабиринта доказывается проектами во всем мире. Как в случае с инициативой в Ла Фальда, люди из разных местностей и культур объединились в этом задании.

Харизматичный художник из Хьюстона, Реджинальд Адамс – в числе тех, кто был вдозновителем и руководил такими проектами, включая лабиринт, который объединил учеников школ и студентов колледжа в Техасе и подростков их Эквадора, чтобы со-основать лабиринт у экватора, рядом с Кито. Реджинальд предоставил свои таланты и проектам лабиринтов внутригородских местностей, включая построенный на щебне снесенной церкви в его родном городе, которая все еще предоставляет пространство, куда бывшие прихожане и их соседи могут вместе прийти и размышлять, общаться и молиться.

Фокус построения сообщества также взял на себя организационное урегулирование – включая лабиринты, которые появлялись в кампусах университетов, больниц и на территории корпоративных штаб-квартир.

В Институте Теологии в Мьянме, например, лабиринт был создан факультетом, сотрудниками и студентами, чтобы выразить цель в содействии духовной жизни сообщества. Лабиринт был выложен с молитвами о том, что каждый, кто по нему пройдет, найдет единение с Богом. В течение короткого периода времени, пока он создавался, люди начали давать свидетельства исцеления, как результат прогулки по тропе лабиринта. Один мужчина, страдавший от нерегулярного сердцебиения, сообщил, что его сердцебиение опять стало нормальным после знакомства с лабиринтом; одна женщина сообщила, что ощутила поднесение по время прогулки, несмотря на то, что ее сердце очень слабое, и она сомневалась, что она физически могла пройтись по лабиринту [21].

Растущее число доказательств подкрепляет факт целительных качеств прогулок по лабиринту. В обзоре общественного отчета, Д-р Герберт Бенсон из Гарвардской Школы Разума/Института Тела убежден, что такая практика ведет и к снижению кровяного давления и улучшению дыхательного ритма [22]. Хронические боли, тревога, бессонница вместе с другими недугами, которыми доступные доказательства располагают, могут быть улучшены посредством регулярных прогулок по лабиринту, не включая очевидные расслабляющие выгоды.

Джефф Соуэрд, ведущий специалист по изучению лабиринтов, предлагает способы, как мы можем реагировать на лабиринт: «Лабиринт может быть путем молитвы, возможностью соприкоснуться с Божественным и обдумать магию и загадку существования…[его] чары привлекают шаловливость, как и душевность, восторг и любопытство, так же как и раздумья» [23].

В похожей манере, обширный обзор Джона В. Роудса на основе шестнадцати исследований, которые изучали позитивные эффекты вовлечения в лабиринты [24] добавляют веса к предположениям, что ходоки по лабиринту имеют множество возможных выгод.

Роудс находит отличия между физической реакцией взаимодействия с лабиринтом (такие качества, как повышенное спокойствие, уменьшение стресса и тревоги) и влияния «состояния разума», которое исходит из них (например, ясность, открытость и рефлективность). Это те состояния разума, предполагает Роудс, которые могут сделать ходока более восприимчивым к проблескам вдохновения, предчувствий и т.д.

В своем исследовании влияния использования лабиринта в Институте Теологии в Мьянме, Джилл Джеоффрион имеет другой взгляд, различая несколько типов исцеления, о которых сообщали ходоки, включая эмоциональное, духовное, родственное и общественное исцеление. «Лабиринт возникает как безопасное место, где люди чувствуют свободу исследовать свои глубокие страхи, как и свои желания относительно сообществ, в которых они живут», - Джеоффрион отмечает. «[Здесь есть] много случаев, когда молитва в лабиринте привела к сильнейшему чувству цельности и здоровья» [25].

Некоторые комментарии, предложенные ходоками по лабиринту в Институте Теологии в Мьянме и не только, определенно это подтверждают:

«Это был первый раз, когда мой разум был свободен от отвлечений за последние три года».

«Во время молитвы [в] лабиринте, я освободился от власти стресса».

«Я был тронут этим случаем и обрел чувство спокойствия».

«После прогулки по лабиринту какое-то время спустя, депрессия, которая меня одолевала после смерти моего мужа, отступила».

Таким образом, лабиринты нашли свое предназначение в больницах, хосписах, домах престарелых. Лабиринт в хосписе Пигримс в Кентербери, Великобритания, является одним их центров, где лабиринт играет важную роль паллиативного ухода за больными, борющимися со смертельными недугами.

В терапевтических ситуациях, некоторые люди сообщали о похожих ощущениях, включая те, что неожиданно меняли жизни. Такие случаи произошли в центрах Коттонвуд, Таксон, Аризона, в бытовом центре, где заботились о жертвах наркомании, аффективных расстройств и нерешенных травм. Многие пациенты, которые прошлись там по лабиринту, подтверждают, что эти случаи помогли им бороться с очень глубокими проблемами, например, чувством готовности к тем обстоятельствам, которые побуждали чувство страха в них, и от которых они убегали [26].

Кажется понятным, что влияние прогулок по лабиринту может быть очень значимым. Но для многих возможность сбежать от ежедневной занятости, чтобы воссоединиться с собой, или просто быть прерванным ненадолго – достаточные причины для возвращения в лабиринт снова и снова.

У лабиринтов может быть множество применений, но, в конечном счете, от нас не требуется ничего больше, чем просто войти в их объятья, идти и существовать. Как утверждает Преподобный Боан Суним из корейского храма Пури (Гордон, Сидней): «Посмотрите на свои стопы. В них ваш разум. Посмотрите, где ваши стопы. Вы там» [27].

ГЛАВА 3

Как войти в лабиринт?

КАК МЫ УВИДЕЛИ, лабиринты использовались для многих целей, также для тех, которые мы не рассматривали. Но как человек должен входить в лабиринт: как отдельно взятая личность или как часть сообщества?

Ранее, я описывал аспекты моих ощущений во время прогулки по лабиринту. Как я отмечал, это было иллюстрацией примера, что может случиться при входе в пространство лабиринта. Это ни в коем случае не является чем-то, что вы можете испытать на собственном опыте.

Более того, каждый раз, как мы вступаем в лабиринт, мы должны ожидать новых ощущений. Это немного похоже на жизнь –

каждый раз начиная что-то новое, мы не можем полностью предвидеть, что может случиться.

По моему опыту, я обычно не думаю над каким-то вопросом, когда захожу в лабиринт. Но так бывает не всегда. Фактически, когда у меня был особенно важный вопрос, когда меня нужно было направить, я приходил в лабиринт с намерением держать вопрос открытым во время моей прогулки внутрь, открывая себя получению любого ответа, который может прийти. Некоторые ведущие лабиринтов могут предложить карточки со словами, фразами или мыслями, которые могут быть оставлены у входа в лабиринт для тех, кто может захотеть взять их с собой на прогулку как возможную опору для раздумий.

Ответ на заданный вопрос может прийти не сразу, но часто идея, слово, сказанное нашим внутренним голосом, или чувство приходят. Более того, то, что вы временно упустили из виду вопрос, который осознанно взяли с собой в лабиринт, не значит, что вопрос потерял свою актуальность: когда мы задаем вопрос с настоящим намерением, наше подсознание в состоянии держать запрос открытым, а также быть очень чувствительными к ответам.

В иных случаях, нам может потребоваться сфокусироваться на том, как мы совершаем каждый шаг, пока движемся вперед. Здесь, призыв уделять внимание тому, как наши стопы контактируют с землей, как мы делаем каждый шаг, осознавать, как мы сгибаем каждую ногу, когда делаем шаг, как мы подставляем пятку передней ноги к земле, перед тем, как полностью выгнем подошву и, наконец, полностью соединимся с землей.

Также в других случаях, нам может захотеться прочитать мантру – одно слово или простую фразу – для того, чтобы зафиксировать свое внимание, пока мы идем по тропе лабиринта. Одна простая мантра, которую мне нравится время от времени повторять, основывается на словах великого Мастера Дзэна Тхить Нят Ханя [28]:

«Вдыхая, я успокаиваю свое тело и разум.

Выдыхая, я улыбаюсь –

Зацикливаясь на настоящем, я знаю, такой момент единый».

Для меня это необычайно сильный способ поддержания связи с настоящим, поскольку каждая фраза проговаривается одновременно с вдохом. «Вдыхая, успокаивайся... Выдыхая, улыбайся».

аже используя такую привязку, как мантра или фокусировка на вопросе, не редкость потерять их из виду, когда ваша медитация углубляется во время курса прогулки. И когда ваш занятой разум перестает привлекать внимание, это обычно является знаком, что вы смогли ненадолго освободиться от своего эгоистичного разума, и узнали о советах вашего внутреннего «я».

Быть чувствительным к тому, какие идеи или предложения могут к вам прийти в такие моменты, может быть особенно поучительным, потому что эти (часто) мимолетные моменты являются теми моментами, когда мы подходим близко к нашим настоящим «я».

Все это может звучать очень мистично и за пределами понимания того, кто просто хочет попробовать пройтись по лабиринту. Впрочем, не стоит переживать о том, что вы можете или не можете пережить во время совершения первых шагов в лабиринт. Я отмечаю возможность погружения в довольно-таки глубокое медитативное состояние, просто потому, что оно не является редким случаем.

Правда в том, что не существует стандартных ощущений, которые появляются от того, что вы открыты для объятий лабиринта. Как было сказано ранее, каждая прогулка уникальна. Нет правильного или ошибочного – случится то, что случится.

Похожий принцип «нет другого способа» применяется к тому, как вы физически двигаетесь от входа в лабиринт к его центру и обратно. Ведущий прогулки может предложить инструкции, которым следовать до, после и во время самой прогулки. Они могут включать такие вещи как уважение к пространству и тишине других (если невербальное признание случится в тот момент, когда вы проходите мимо другого человека, это нормально; но обычно, ваши коллеги по ходьбе будут одиноки в своих раздумьях).

Практические причины, которые предполагают помощь в поддержании «жизни» лабиринта, также могут быть упомянуты, например, призыв снять грязные ботинки или сообщение, что прогулка подошла к концу (например, звон колокольчика или когда ведущий уведомляет ходоков об окончании, кружа по периметру лабиринта).

В общем, такие базовые правила придуманы для того, чтобы гарантировать, что каждый, кто разделяет прогулку, уважает друг друга так же, как и сам лабиринт, и чтобы связать это с ежедневными техническими причинами, которые должны соблюдаться, например, время, доступное для прогулки.

Таковы правила: нет правил, что вы должны делать, как только переступили порог лабиринта. Вытяните свои руки, поставьте их в форме диагонального креста через ваше тело (это не только символический знак для христиан, но также и удобный способ принять хорошую позу), или позвольте им свисать по бокам.

Идите по любому удобному вам пути – возможно, вам захочется немного подождать или же вы захотите начать вашу прогулку без остановок. Некоторые модели лабиринтов могут включать другой путь из центра, а не тот, которому вы туда пришли; в других вы сможете возвратиться по тому же пути.

Конечно же, нет нужды достигать центра, возможно, потому, что это кажется неправильным или, наоборот, потому что время, выделенное на прогулку, ограничено. Просто обернитесь, находясь в какой-либо точке, и затем вернитесь обратно по тому же пути, по какому вы пришли туда, где находитесь в данный момент.

Когда вы завершаете свою прогулку, у вас может возникнуть желание немного подождать перед уходом, чтобы далее продолжить свой день. Остановитесь для того, чтобы почтить тех, кто еще идет, тех, кто еще не начал свою прогулку, и для тех, кто обдумывает свои ощущения, которые им принес лабиринт.

Ведущий может предположить, что это допустимо, уйти молча, когда вы готовы, или он может предложить вам оставаться до тех пор, пока все закончат.

Облегченные прогулки также могут включать некоторые вариации того, как должны проходить сеансы. Например, в церкви, где я впервые начал регулярно ходить по лабиринту, пока нас было немного, я и мои коллеги-ходоки собирались в центре, чтобы послушать короткие чтения прежде, чем продолжить наш путь назад. Я ценил такие моменты пребывания в маленьком круге с моими друзьями, каждый из нас следовал пути, который привел нас всех сюда по-своему, но все же пришел в общий центр. Эти прогулки также предшествовали коротким чтениям, которые предлагались как возможная тема для размышлений на обратном пути.

Конечно, не все прогулки сопровождаются координатором. В общественных местах лабиринты постоянно или часто доступны, обычно возникает мало препятствий, которые касаются времени и могут воспрепятствовать вашей прогулке.

Прогулка по лабиринту часто описывается как «метафора жизни», потому что мы не знаем, кого можем встретить по пути, или что мы может испытать, идя вперед.

Иногда вы можете идти один, иногда к вам может присоединиться группа. Если вы заметили, что идете по лабиринту одни, я предлагаю вам следовать тем же принципам, которые обычно предлагаются как инструкции координатора облегченной прогулки – уважать тишину и, если угодно, «священность» пространства, и уважать лабиринт. Это вероятнее всего значит, что, если вы катаетесь на роликах или скейте, и если вы снимете свои ролики на время, это будет отличной идеей. Или если вы одержимы Твиттером или отправкой сообщений, поставьте свой телефон на беззвучный режим и это поможет вам уделить больше внимания самому процессу!

Я надеюсь, что предыдущее вступление убедит вас, что нечего бояться при входе в лабиринт: не беспокойтесь о том, что вы «совершаете что-то неправильное» или будете стоять как невежественный новичок, который обязательно не сможет сделать важный шаг, который могут сделать только опытные ходоки по лабиринту. К счастью, лабиринт не различает новичков и тех, кто входил в лабиринт тысячи раз до этого.

То же самое можно сказать о группах, которые хотят начать ходить по лабиринту регулярно. Группа, к которой я присоединился, начинала как маленькое сборище двух или трех людей. Постоянное время для встреч было назначено и занято в наших распорядках дня, были определены волонтеры, которые помогали положить и свернуть новоприобретенное полотно, и наш обученный координатор по лабиринту стал наших постоянным ведущим. Такие нововведения, как начало каждой прогулки с коротких чтений или создание карточек с предложениями для размышлений для тех, кому они были нужны, появились позже после общих обсуждений.

Если вы хотите привнести лабиринт в свою организацию, клуб или сообщество, я предполагаю, что важным будет привлечь помощь опытного координатора ненадолго, если у вас есть такая возможность. Как вариант, вы можете рассмотреть идею обучения одного из членов вашей группы искусству быть координатором. Обучение – бесценно, его можно использовать на протяжении тысяч часов коллективного опыта ведущих лабиринта, и минимизируя риск, что неподходящий ведущий будет вести новичков лабиринта к негативным ощущениям. Veriditas предлагают общепринятую учебную программу для координаторов, и мультиязыковые бесплатные учебные ресурсы, которые доступны в Labyrinth Launchpad (контакты доступны на задней части обложки).

Приобретение лабиринта или установка его на постоянной основе может привлечь большие стартовые вложения. Доступны варианты, которые помогают избежать высоких начальных затрат, можно, например, одолжить лабиринт или создать его временную версию. Мы рассмотрим несколько возможных вариантов этого типа в следующей главе.

Если ваши средства позволяют приобретение лабиринта, также допускается привлечь небольшие вложения от тех, кто получает выгоду от прогулок по лабиринту уже долгое время – но в идеале это должно быть осуществлено на волонтерских засадах, чтобы понять каковы возможности и желание людей платить.

Я понимаю, что инициативы лабиринтов, которые помогают людям собираться вместе, например, для укрепления соседских отношений и отношений в сообществе, могут быть укреплены, если все члены группы чувствуют, что они играют роль в определении того, как развивается это начинание.

Предлагая краткую возможность для тех, кто способен поделиться своими раздумьями во время прогулки, объединенную с шансом познакомиться друг с другом, общаясь, - это один из способов завлечения участников.

Как и в случае с любой группой, которая хочет быть всесторонней, очень важно удостовериться, что новички чувствуют, что им здесь рады. Именно здесь координатор играет важную роль – коротко представляя их и предлагая несколько инструкций. Вербальные инструкции могут быть подкреплены простой подачкой, предлагаемой новичкам, чтобы помочь им почувствовать себя легче и оценить, как групповая прогулка по лабиринту обычно работает. Такой пример в виде буклета вы можете скачать на сайте Labyrinth Around America (Лабиринт во всей Америке) (www.labyrintharoundamerica.net).

Дальнейший шаг, если у вас уже есть временный или постоянный лабиринт, это не спешить и решить, какая модель кажется вам правильной для группового использования.

Средневековый (например, Шартрский), классический или Балтийский типы являются наиболее распространенными, но нет ограничений на создание вашей собственной модели.

Важными соображения для модели могут быть, например, то, предполагается ли, что лабиринтом будут пользоваться с более, чем одной целью (например, как частью редких церемоний, или как «открытым пространством» для ходоков по лабиринту), или допускать подобные преимущества выбора, так называемого процессионного лабиринта тому, где люди возвращаются назад по тому же пути (процессия означает, что отдельный путь к выходу предусматривается тому, который используется, чтобы дойти до центра от входа).

Другие соображения включают то, что размер лабиринта соответствует доступному пространству, ширине и длине тропы лабиринта (например, нужно иметь ввиду нужды людей в инвалидных колясках), а также материал, который используется для построения лабиринта.

Цвета, использованные для разграничения тропы лабиринта, тоже должны быть обдуманы – у разных цветов разная энергетика, которая может или может не быть соответствующей, и практические вопросы, как возможность увидеть контраст между нарисованными линиями и самой тропой, могут повлиять на ваше принятие решений.

Устанавливая временный лабиринт, нужно советоваться с опытным дизайнером и создателем лабиринтов во время процесса. Опытные конструкторы смогут посоветовать аспекты установки, которые в противном случае не были бы приняты во внимание, например, подходящее размещение лабиринта или соображения по поводу основного состава земляного покрова и систем осушки (для вариантов на улице). Для тех, кто интересуется геомантией и ее значением для месторасположения, консультация у опытного геоманта также не будет лишней.

Тем не менее, многие сообщества установили лабиринты на свой страх и риск, используя различные напечатанные или онлайн материалы, которые дают инструкции по моделированию и строительству лабиринтов (список источников приведен в конце этой книги).

Я твердо уверен, что если есть желание у небольшой группы людей или большего сообщества осуществить план по созданию лабиринта, то любая группа справится с этим. Здесь нет сложных и быстрых правил по прогулкам по лабиринту, проект каждой группы – уникален. Каждая инициатива особенна, и лабиринт всегда наградит тех, кто не спешит развивать свое видение.

ГЛАВА 4

Куда отправиться в ваше следующее путешествие к лабиринтам?

ПОСЛЕ ПЕРВОГО ЗНАКОМСТВА с лабиринтом, многие люди считают его захватывающим. Так или иначе, лабиринт, пройденный в отдаленном месте или как часть путешествия, может вдохновить как разовое событие, но для тех, кто хочет продолжить идти по его пути, какие варианты доступны?

Поиск лабиринта

Возможно, вам повезло, и у вас по соседству есть лабиринт – такой, который постоянно доступен в парке или городском сквере, например, или переносная версия, которую часто расстилают в церкви, саду и общинном совете. Простого поиска в интернете будет достаточно, чтобы понять, есть ли похожие лабиринты неподалеку.

Один прекрасный интернет-ресурс, который специально создан, чтобы помочь объединить лабиринты и людей, который хотят по ним ходить, это сайт The Labyrinth Locator (www.labyrinthlocator.com). Этот обширный источник, который спонсируется Объединением Лабиринт и организацией Veriditas, представляет собой справочно-поисковую систему сотен лабиринтов по всему миру. С помощью пары кликов, вебсайт перечислит лабиринты, которые находятся в определенной местности.

Другие источники для поиска расположения лабиринтов также доступны, несколько из них приведены в конце этой книги.

Создание или покупка лабиринта

Конечно, вы можете захотеть приступить к созданию собственного лабиринта для группового или личного использования. Имеется множество примеров лабиринтов, выложенных из брусчатки на заднем дворе, выкошенных на газоне или нарисованных на игровой площадке.

Балтийский, средневековый и классический узоры лабиринтов можно нарисовать относительно легко с помощью немногих основных познаний и нескольких базовых инструментов (например, квадратной линейки, рулетки). Этот эскиз можно быстро повторить по узору для вязания, простая схема линий и отметочных точек, которые расчерчены близко к центру лабиринта. Диаграмма внизу показывает процесс рисования классической модели лабиринта, который можно построить по такому эскизу.

Метод для рисования классического лабиринта.

Целый ряд Youtube-видео, книг и других материалов описывает, как намечать различные модели лабиринтов. Множество примеров приведены в конце книги.

Временные версии лабиринтов – те, которые расстилаются, а затем ликвидируются после одного сеанса – могут быть созданы из множества недорогих материалов. Эластичный трос, скотч, свечи и линии, нарисованные мелом,

- возможные варианты для создания временной тропы. Лабиринт, созданный на пляже, снегу или невспаханной земле не стоят ничего, хоть они и недолговечны.

Полимерные и акриловые холсты сейчас особенно популярны как базовый материал для переносных лабиринтов, поскольку они прочны и водонепроницаемы. Другие материалы могут использоваться для внешнего использования, например, UPS полотно, тип материала, который часто используется для изготовления временных рекламных баннеров.

Так или иначе, буквально любого материала будет достаточно для создания внешнего лабиринта, у которого будет несколько ограниченный функционал, особенно если ходоки будут заботиться о легкоповреждаемом лабиринте, по которому они ходят (например, снимая обувь перед тем, как ступить на него).

Если вы не хотите экспериментировать с созданием собственного переносного лабиринта, вы можете получить помощь от многих общепризнанных творцов, из которых многие представлены в конце этой книги. Многие из них также могут помогать с созданием произведений искусства, отличающихся от обычных узоров. Например, работа Лизы Мориарти, создателя лабиринта для «Лабиринты во всей Америке», включает примеры лабиринтов, которые изображают мотивы, похожие на ветви деревьев, и фокусируются на сердцеподобном центре, а также имеющие угловатую форму, как у лабиринтов Римских мозаик, среди всех остальных. Портфолио других подрядчиков очень похожи между собой.

Проекты представляют лабиринты в публичных местах, так же, как и места на территориях университета, студенческих городках и домах престарелых могут потребовать более постоянных установок. Такие проекты обычно требуют больших бюджетов, и опираясь на опыт специалиста по лабиринтам, получат значительную помощь.

Даже здесь, расходы могут быть минимизированы, если к проекту готовы присоединиться волонтеры. Например, труд любви вкупе с опытом в строительстве помогли построить красивый лабиринт «Дерево жизни», который накрыт двумя гигантскими дубовыми деревьями на территории Божьей Епископальной церкви в Хьюстоне, Техас.

Портативные лабиринты и лабиринты для дома

Это подходит для людей, у которых есть деньги, время и причины создать или сделать пожертвование для постройки лабиринта, не упоминая о том, что необходимо место для расстилания лабиринта.

Тем не менее, многие из нас не наслаждаются подобными роскошествами, и у некоторых нет доступа к общественным лабиринтам вблизи из домов. К счастью, существуют варианты для тех, кто оказался в подобной ситуации.

«Прогулка» по пальчиковому лабиринту – это одна из возможностей для тех, у кого нет просто свободного пространства или кто физически не может ходить по традиционному лабиринту. В этом лабиринте, тропа – это углубление, обычно вырезьбленное из дерева, вылепленное из керамики или изготовленное из другого материала, и средство передвижения по такому лабиринту – это движение пальца, вместо ступни или ноги.

Пальчиковые лабиринты разных размеров и разного веса доступны в онлайн-магазинах или в других местах. Многие из них смоделированы таким образом, чтобы положить их на колени или на небольшой столик. Их небольшая форма позволяет легко их хранить, хотя они также могут служить как привлекательное украшение для стола.

Пальчиковые лабиринты также играют важную роль в том, что позволяют людям, которые не имеют другой возможности пройти по лабиринту на полу поделиться своими впечатлениями, включая тех, кто прикован к постели или слеп. Нил Харрис, профессиональный психолог, создатель пальчикового лабиринта, и член-основатель Объединения Лабиринт, использовал ручные лабиринты в различных терапевтических ситуациях на протяжении более чем двадцати лет.

Работа Харриса привела его к тому, что он стал первопроходцем двойного лабиринта, включающего работу двух рук (или использующегося двумя людьми), который помогаем сбалансировать активность правого и левого полушарий мозга. Прогулки по такому лабиринту помогли пациентам с инфарктом, которые страдали от повреждений мозга, выздороветь, наряду с другими [29].

Мне кажется, что пальчиковые лабиринты имеют преимущество перед своими большими аналогами – предоставляют ходоку возможность закрыть глаза на время прогулки, если они захотят, что для многих людей может быть способом избежать отвлечения во время медитации.

Лабиринт, который можно пройти с помощью пальца, не обязательно изготовлять из дерева или камня. Тропа, нарисованная на кусочке бумаги, может служить той же цели, не говоря уже о вышитой на наволочке или ковре, спроектированной на стену (или на бассейн для плавания, в случае особого мероприятия в Университете Ноттингема) или временно вылепленный в песочнице.

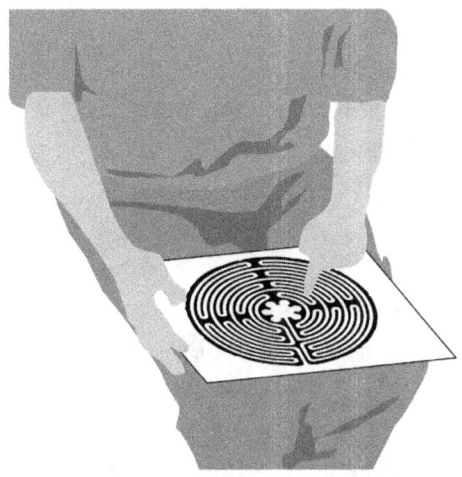

Пальчиковый лабиринт требует мало места для хранения и может использоваться привязанными к дому людьми.

Лабиринты были изображены на керамике, связаны из квадратиков одеяла или лепились из пластилина. Портфолио Лизы Мориарти включает лабиринт, вырезанный в тыкве – специальное произведение в Хэллоуину! На самом деле не существует никаких ограничений для того, из чего может быть создан лабиринт.

Изображенный на постере лабиринт или же спроецированный на стену может быть «пройден» не только с помощью пальца, но и с помощью взгляда. Такой подход может предложить способы объединения с тропой лабиринта для парализованного человека, не говоря уже о том, кто может найти маленький кусочек стены, куда можно прицепить рисунок лабиринта.

Для всех нас прогулка по лабиринту — это не просто движения частей тела, но и, как утверждает Пола Д'Арси, «[прогулка] не только с помощью ног, но и посредством рук, сердца, разума» [30]. Прогулка для сердца и разума – самая важная из всех – она не требует физического движения.

Со стольким возможностями доступными для знакомства с лабиринтом, не может быть много причин не стать одним из миллионов людей, кто регулярно стает на его путь.

Пусть пути, по которым вы идете, будут обогащающими, и пусть лабиринт открывает вам больше своих загадок, по мере того, как вы будете находить его подарки.

Лабиринт от А до Я

Клайв Джонсон

Примечания и ссылки

[1] *Labyrinths: Ancient Paths of Wisdom and Peace*, Virginia Westbury, 2001, Aurum Press Ltd, p. 7.

[2] *Through the Labyrinth: Designs and Meanings over 5000 Years*, Hermann Kern, 1982, Prestel Press, New York, p. 23.

[3] 'Is That a Fact?', Jeff Saward & Kimberly Lowelle Saward, первоначально опубликованная в *Caerdroia* 33, 2003, pp.14-28.

[4] дает критическое и символическое значение универсальным узорам в архитектуре и дизайне, найденным в Природе, геометрических формах, пропорциях и соответствии.

По поводу значения священной геометрии, Джим Бакенен (*Labyrinths for the Spirit: How to Create Your Own Labyrinths for Meditation and Enlightenment*, 2007, Gaia, p. 97) предполагает, что христианская нумерология лежит в основе модели Шартрского лабиринта: он разделяется на квадраты (изображая четыре Евангелия и четыре этапа мессы); мы проходим его одиннадцать кругов «в грехе», пока не доходим до центра или двенадцатого пространства (двенадцать — это количество апостолов и кратность чисел, обозначающих Мужское (3) и Женское (4))

Сиг Лоунгрен разрабатывает аспект этого символизма дальше, связывая четыре этапа Мессы с процессами пробуждения (задавая вопрос «когда я узнал об этом?), жертвенности («что должен буду сделать, чтобы решить это?»), пресуществление (изменение) и кульминацию («как это будет выглядеть, когда я совершил это изменение?») (*Labyrinths: Ancient Myths and Modern Uses*, Sig. Lonegren, 2007, Gothic Image, p. 149).

В книге *Labyrinths, Their Geomancy and Symbolism*, Найджел Пенник (*Labyrinths, Their Geomancy and Symbolism*, Nigel Pennick, 1984, Runestaff pp. 16-17) также дает комментарий относительно нумерологии в модели лабиринтов, найденных в христианских поселениях, отмечая, что включенный в них «баланс мужского и женского, Христа и Люцифера, и символизм жизни человека, который «отжил свой век».

[5] Hermann Kern, цитированный в *Labyrinths, Walking Toward the Center*, Gernot Candolini, 2001, Crossroads, p. 141.

[6] Maia Scott отслеживает историю итальянских лабиринтов в 'The Labyrinth, a Continued Italian Legacy', *The Spirit of Veriditas, Voices From The Labyrinth*, Winter 2009, p. 10.

[7] Геомантия описана автором Филиппом Карр-Гоммом (*The Elements of the Druid Tradition*, Philip Carr-Gomm, Element, 1991, p. 96) как "искусство и науку, определяющую правильное расположение храмов, священных кругов, гробниц и монументов в отношении к силам рая и земли. Это знание священности земли. Один из его основных постулатов, что Земля несет течения жизненно важной энергии, которая течет прямо, как тело несет потоки неуловимой энергии, известная китайским иглотерапевтам как Ци".

[8] Candolini, 2001, *op. cit.*, p. 51

[9] *Walking a Sacred Path: Rediscovering the Labyrinth as a Spiritual Practice*, Lauren Artress, 2006, Riverhead, New York, p. 20.

[10] Artress, 2006, *ibid.*, p. 157.

[11] Candolini, 2001, *op. cit.*, p. 30.

[12] Westbury, 2001, *op. cit.*, p. 13.

[13] Candolini, 2001, *op. cit.*, p. 55.

[14] See Lonegren, 2007, *op. cit.*

[15] Westbury, 2001, *op. cit.*, p.14.

[16] Lonegren, 2007, *op. cit.*, p. 3.

[17] В то время как тщательный контроль мозговых волн сложен, растущее число исследований об изменениях модели мозговых волн во время сна или медитации было проведено. Например, на сайте, http://www.brainworksneurotherapy.com/what-are-brainwaves.

[18] *Walking the Path to Tomorrow Together or Reconciling Inner and Outer Journeys*, Clare Wilson, www.peacesanctuary.org, accessed 24 January 2017.

[19] *Steps Toward Common Ground, The Labyrinth's Role in Building Beloved Community* (Doctor of Ministry Thesis), Rev. Kathryn A. McLean, Chicago, Illinois, May 2016, p. 17.

[20] *And by our hands.... The La Falda Labyrinth*, Judith Tripp, http://circleway.com, доступ к 18 January 2017.

[21] 'Labyrinth Prayers for Healing in Myanmar', Jill Geoffrion, *Labyrinth Pathways* (3) July 2009, pp. 8-12.

[22] 'Labyrinths, Spirituality & Quality of Life', Bob Gordon, *Labyrinth Pathways* (3), July 2009, pp. 13-15.

[23] *Magical Paths: Labyrinths and Mazes in the 21st Century*, Jeff Saward, 2002, Mitchell Beasley (Octopus), London p. 205.

[24] 'Commonly Reported Effects of Labyrinth Walking', John D. Rhodes *Labyrinth Pathways* (2) July 2008 pp. 31-37.

[25] Geoffrion, July 2009, *op. cit.*, p. 11.

[26] *Labyrinth Pathways* (10) Sep 2016, The Labyrinth in a Residential Treatment Center, Charles Gillispie, pp. 26-31.

[27] http://www.sydneylabyrinth.org/about/, доступ к 14 January 2017.

[28] *Breathe, You Are Alive: The Sutra on the Full Awareness of Breathing*, Thich Nhat Hanh, 1992, Rider.

[29] 'Intuipath® Finger labyrinth and Brain Synchrony', интервью Тины Кристенсен с Нилом Харрисом, *Labyrinths Matter Newsletter* (5), May 2016, pp. 2-5.

[30] in Candolini, 2001, *op. cit.* p. 9.

Клайв Джонсон

Библиография

Эта публикация иллюстрирует многочисленное количество многих превосходных публикаций, к которым может обратиться любой человек, заинтересованный в углублении своих знаний о лабиринтах. Но этот список не является исчерпывающим.

Labyrinthos предлагает обширную библиографию на их вебсайте, www.labyrinthos.net/bibliography.html, включая наименования.

Canvas Labyrinths Construction Manual, Robert Ferré, 2014, Labyrinth Enterprises

Chartres Cathedral, Malcolm Miller, 1997, 2nd edition, Riverside Book Co

Christian Prayer And Labyrinths: Pathways to Faith, Hope, and Love, Jill Kimberly Hartwell Geoffrion, 2004, Pilgrim Press, Cleveland

The Healing Labyrinth: Finding Your Path to Inner Peace, Helen Raphael Sands, 2001, Barron's Educational Series

Kids on the Path, School Labyrinth Guide, Marge McCarthy, Labyrinth Resource Group http://labyrinthresourcegroup.org/wp-content/uploads/2012/03/kids_on_the_path _part_1.pdf (в комплекте с DVD)

Laberintos: tradición viva (Sapere Aude), Fernando Segismundo Alonso Garzón, 2014, masonica.es (En español / на испанском)

Labyrinths: Ancient Myths and Modern Uses, Sig Lonegren, 2015, Gothic Image Publications, Glastonbury

The Labyrinth and the Enneagram, Circling into Prayer, Jill Kimberly Hartwell Geoffrion and Elizabeth Catherine Nagel, 2001, Pilgrim Press, Cleveland

Labyrinth: Landscape of the Soul, Di Williams, 2011, Wild Goose, Glasgow

Labyrinths and Mazes: A Complete Guide to Magical Paths of the World, Jeff Saward, 2003, Lark Books (Sterling), New York, and Gaia Books (Octopus), London

Labyrinth Reflections, Cathy Rigali and Lorraine Villemaire,

http://www.labyrinthreflections.com/order

The Labyrinth Revival: A Personal Account, Robert Ferré, 1996, 2nd edition, Labyrinth Enterprises, LLC

Labyrinths for the Spirit: How to Create Your own Labyrinth for Meditation and Enlightenment, Jim Buchanan, 2006, Sterling Publishing Co., Gaia Books, New York

Labyrinths, Walking Toward the Center, Gernot Candolini, 2001, Crossroads, New York

Labyrinth Journeys: 50 States, 51 Stories, Twylla Alexander, 2017, Springhill Publishing, , история паломничества Твиллы по лабиринтам США

Labyrinth: Your Path to Self-Discovery, Tony Christie, 2018, Llewellyn Publications, Woodbury, MN

Little Miracles on the Path: 20 Labyrinth Stories Celebrating 20 Years of Veriditas, www.veriditas.org/books

Living the Labyrinth, Jill K.G. Geoffrion, 2000, Pilgrim Press, Cleveland

The Magical Labyrinth, Ruth Weaver, 2013 Preschool - Kindergarten (для детей)

Magical Paths: Labyrinths & Mazes in the 21st Century, Jeff Saward 2002, Mitchell Beasley (Octopus), London

The Magic of Labyrinths, Liz Simpson, 2002, Thorsons

Making the Santa Rosa Labyrinth by Lea Goode-Harris (PDF-инструкция), доступна на сайте https://www.creativelabyrinths.com/store/

The Mysteries of Chartres Cathedral, Louis Charpentier, 1972 Rilko Books, Rye

Re-wilding with the Labyrinth, Mark Willenbruch, 2018, Wild Wisdom, Glastonbury (заказ на сайте Марка at https://wildwisdom.org.uk/book/)

Ruta Reiki Mercar Reiki: praktinis vadovas, Ruta Janulevičienė, 2018

The Sacred Path Companion: A Guide to Walking the Labyrinth to Heal and Transform, Lauren Artress, 2006, Riverhead, New York

Steps Along an Unfolding Path: A Journey through Life and Labyrinths, Lars Howlett, 2011, Biomorphic.org

Through the Labyrinth: Designs and Meanings over 5000 Years, Hermann Kern, 1982, Prestel Press, New York

Walking a Sacred Path: Rediscovering the Labyrinth as a Spiritual Practice, Lauren Artress, 2006, Riverhead, New York

The Way of the Labyrinth: A Powerful Meditation for Everyday Life, Helen Curry, 2000, Penguin Books, New York

Way of the Winding Path: A Map for the Labyrinth of Life, M. A. Eve Eschner Hogan, 2003, White Cloud Press

Working with the Labyrinth, Ruth Sewell, Jan Sellers & Di Williams, 2013, Wild Goose Publications

Журналы

Caerdroia. The Journal of Mazes and Labyrinths. лабиринтов (labyrinths and mazes), публикуется ежегодно. http://www.labyrinthos.net/caerdroia.html

Labyrinths Matter Newsletter, Australian Labyrinth Network.

Labyrinth Network North West Newsletter www.labyrinthnetworknorthwest.org/newsletters/2010/100423_LNN_Newsletter.pdf

Labyrinth Pathways. публикуется ежегодно в Labyrinthos (доступный для членов Объединения Лабиринт). www.labyrinthos.net

Little Miracles on the Path. Ежемесячные вдохновляющие истории об ощущениях после прогулки по лабиринту, создан Линдой Микель. www.veriditas.org

The Labyrinth Journal. (Доступны копии до зимы 2012) www.veriditas.org/journal

TLS Members e-Newsletter. Ежеквартальный бюллетень для членов Объединения Лабиринт.

DVD's

Rediscovering the Labyrinth: A Walking Meditation with Lauren Artress, Grace Cathedral, San Francisco

Labyrinths For Our Time: Places of Refuge in a Hectic World, The Labyrinth Society

Pathway to Change: Jail Labyrinth Project, Lorraine Villemaire and Cathy Rigali

The Troy Ride - A Labyrinth for Horses, Cordelia Rose & Ben Nicholson (другие DVD с лошадьми, исцелением и лабиринтами доступны на сайте Whitewater Mesa Labyrinths, www.wmlabyrinths.com).

Клайв Джонсон

Гид по ресурсам о лабиринтах

Общества, членские органы и центры исследования лабиринтов

Labyrinth Launchpad. Крупный портал бесплатных, многоязычных ресурсов и источников помощи для изучения и внедрения лабиринта. Включает тренировку для хозяев лабиринта. www.labyrinthlaunchpad.net

The Labyrinth Society. Всемирная организация, члены которой включают создателей лабиринтов, координаторов лабиринтов и любого, кто интересуется и ценит лабиринты. Члены также имеют доступ к архиву журнальных статей, и могут насладиться обменом мнений по поводу всего, что касается лабиринтов в группе Объединения в Фейсбуке. www.labyrinthsociety.org

Veriditas. Предлагает обучение и аккредитацию для координаторов лабиринта. Поощряет лучшую практику для ведения лабиринта, продвигает преимущества ходьбы по лабиринту. www.veriditas.org

Labyrinthos. Исследовательский орган и центр информации об истории лабиринта, цели и применении. Публикует ежегодный журнал *Labyrinth Pathways* и *Caerdroia* (доступный для членов Объединения Лабиринт). www.labyrinthos.net

The Labyrinth Coalition. Resource Координатор ресурсов, сотрудничества и мероприятий, делающий акцент на среднезападные штаты США. www.labyrinths.org

The Labyrinth Guild of New England. Сообщество поклонников, координаторов и организаторов лабиринтов в Новой Англии. www.labyrinthguild.org

Labyrinth Link Australia. www.labyrinthlinkaustralia.org

Labyrinth Network Northwest (Pacific Northwest). www.labyrinthnetworknorthwest.org

Онлайн форумы, блоги и социальные медиа

https://www.facebook.com/labyrintharoundamerica/ Facebook.

https://www.facebook.com/LabyrinthSociety/

www.facebook.com/veriditas.labyrinth

www.facebook.com/LabyrinthosUK

www.facebook.com/labyrinthwellnessllc

www.facebook.com/Labyrinthing

www.facebook.com/Labyrinthireland-156708794360950

https://labyrintharoundamerica.wordpress.com/ Labyrinth Around America blog.

www.blogmymaze.wordpress.com

https://guerrillalabyrinths.wordpress.com/labyrinth-blog

http://labyrinthos.blog/

http://labyrinthyoga.com/blog

https://www.instagram.com/thelabyrinthsociety/

https://twitter.com/LabyrinthSoc

https://twitter.com/labyrinthwisdom

https://www.linkedin.com/in/veriditas-inc-8157019a

Указатели лабиринтов

www.labyrinthlocator.com. *World-Wide Labyrinth Locator*. Расширенный онлайн-поиск для определения местоположения лабиринта. Спонсируемый Объединением Лабиринт и Veriditas, Inc. посредством щедрой дотации от Организации Веры, Надежды и Любви. Исследуемый и управляемый Джеффом Соуордом, ведущим специалистом в истории и развитии лабиринтов (labyrinths and mazes), основателем издания Caerdroia–the Journal of Mazes and Labyrinths, и со-основателем и директором организации Labyrinthos.

www.labyrinths.org. Каталог лабиринтов организации The Labyrinth Coalition.

www.labyrinthlinkaustralia.org/labyrinth_directory.htm. Интерактивная карта лабиринтов Австралии.

www.labyrinthnetworknorthwest.org/. (Pacific Northwest)

www.paxworks.com/labguy/hospitallinks.html. Ссылки на больничные лабиринты.

Координаторы и прокат лабиринтов

www.veriditas.org/. Veriditas' 'Find a Facilitator'. 'Найди координатора'. Расширенный поиск обученного координатора в Veriditas.

www.labyrinths.org/lablocators.html. Каталог координаторов организации The Labyrinth Coalition.

www.labyrinthguild.org. (Бостон, MA)

Изготовители переносных лабиринтов

Заметка: Многие поставщики в этой и следующей секциях доставляют продукцию / предлагают свои услуги во всем мире.

www.discoverlabyrinths.com. Discover Labyrinths LLC (США)

www.labyrinthbuilders.co.uk. The Labyrinth Builders (Великобритания)

www.labyrinthcompany.com. The Labyrinth Company (США)

www.labyrinth-enterprises.com. Labyrinth Enterprises, LLC (США)

www.pathsofpeace.com. Paths of Peace. (США)

www.paxworks.com. Paxworks (США)

www.robinmcgauley.com. Robin McGauley (Канада)

www.veriditas.org/canvaslabyrinth. Veriditas (США)

Permanent labyrinth constructors and consultants

www.pathsofpeace.com. Paths of Peace (США)

www.labyrinthbuilders.co.uk. The Labyrinth Builders (Великобритания)

www.labyrinthcompany.com. The Labyrinth Company (США)

www.labyrinthireland.com. labyrinthireland.com. Советы по дизайну, помощь и мастер-классы (Ирландия)

http://www.labyrinthos.net/construction.html/. Labyrinthos. Labyrinthos. Советы по дизайну, публикации и туры. (Великобритания)

www.labyrinths.com.au/. Mark Healy Labyrinths (www.labyrinths.com.au/. Mark Healy Labyrinths (Австралия))

www.labyrinthsinstone.com. Labyrinths In Stone (США)

www.veriditas.org/construction. Veriditas (США)

Поставщики одноразовых лабиринтов

www.discoverlabyrinths.com/. Discover Labyrinths. Быстрое и простое создание лабиринтов для сообществ и других мероприятий, созданное Lars Howlett. (США)

www.labyrinthsociety.org/make-a-labyrinth. Указания, как создать лабиринт от Объединения Лабиринт, The Labyrinth Society.

The Sand Labyrinth Kit, Lauren Artress, 2002, Tuttle Publications. Включает книгу, два шаблона и мешочек песка. www.veriditas.org

www.asacredjourney.net/2015/11/make-your-own-labyrinth. *Journey Book Club* описывает три способа, как создать лабиринт.

www.centerforfaithandhealth.org/resources. Center for Faith and Hope. Центр Веры и Надежды. Содержит инструкции, как создать лабиринт.

Консультанты по геомантии

www.bouldermasterbuilders.com. BoulderMasterBuilders / Dominique Susani, всемирно известный геомант и строитель лабиринтов. (Франция)

www.landandspirit.net. Land and Spirit (Великобритания)

www.markopogacnik.com. Marko Pogačnik, всемирно известный геомант and Артист Мира ЮНЕСКО. (Словения)

www.geomancy.org. Mid Atlantic Geomancy by Avalon in Holland, Sig Lonegren, геомант и член-основатель Объединения Лабиринт (Нидерланды)

www.richardfeatheranderson.com/American_School_of_Geomancy.html. American School of Geomancy (США)

Поставщики пальчиковых лабиринтов

www.dasfingerlabyrinth.com/kaufen-2. Das Fingerlabyrinth (Германия)

www.dmhstudio.com. DMH Studio. (также предоставляет инструкции, как сделать пальчиковый лабиринт) (США)

www.escapepathllc.com. E.S.C.A.P.E. PATH (США)

https://goo.gl/bUpvoE. Veriditas Chartres Labyrinth (США)

www.harmonylabyrinths.com. Harmony Labyrinths (США)

www.ispiritual.com. iSpiritual.com (США)

www.labyrinths.com.au/. Mark Healy Labyrinths (Australia)

www.labyrinthshop.com. The Labyrinth Shop (США)

www.mindfulsoulutions.ca. Mindful Soulutions (Канада)

www.mountainvalleycenter.com/labyrinth-gifts.php. Mountain Valley Center (США)

www.pathsofpeace.com. Paths of Peace (США)

www.paxworks.com/. Paxworks (США)

www.pilgrimpaths.co.uk. Pilgrim Paths Ltd (UK)

www.qdimensions.com.au. QDimensions (Австралия)

www.relax4life.com/index.html. Relax4Life (США)

www.robinmcgauley.com/. Robin McGauley (Канада)

Бесплатные схемы, чтобы связать пальчиковый лабиринт спицами или крючком

http://www.welcatg.org/filebin/PDF/Labyrinth_FINAL.pdf. Women of the ELCA (Online), включает полезный фэкчит и инструкции, как сделать лабиринт

Обучение ведущих

www.labyrinthlaunchpad.org. предлагает бесплатный курс для самообучения по ведению лабиринта, а также бесплатные ресурсы для создания ваших собственных программ по ведению. (Во всем мире)

http://www.peacefulendeavours.org, индивидуальные индивидуальные и недорогие семинары для хозяев лабиринта и для ознакомления лабиринта с сообществами (Во всем мире)

http://www.labyrinthguild.org/. The Labyrinth Guild of New England. Общество в Новой Англии, предоставляющие мастер-классы по лабиринтам. (США)

www.veriditas.org. Veriditas, главный аккредитующий орган для координаторов лабиринта. (США, Европа и Австралия)

www.labyrinthjourney.com/index.asp. Labyrinth Journey. (США)

Музеи лабиринтов

www.butterflyzoo.co.uk. Puzzle Maze, Symonds Yat, Herefordshire, UK. Маленький музей истории лабиринтов.

Карточки для лабиринта

www.helenwilltheartofhealing.com. The Art of Healing (Канада). Красиво нарисованные карточки для прогулочной медитации

www.labyrinthwisdom.com. Labyrinth Wisdom Cards (Ирландия). Предоставляет 48 карточек и книгу, иллюстрирующую лабиринт и дающая вопросы для размышлений.

Ресурсы для скачивания

https://zdi1.zd-cms.com/cms/res/files/382/labyrinth_proposal_template-1.pdf. Шаблоны для проектов лабиринта в сообществах или институциях. (The Labyrinth Society)

https://zdi1.zd-cms.com/cms/res/files/382/ChartresLabyrinth.pdf. Рисунок Шартрского лабиринта.

http://www.labyrintharoundamerica.net/Labyrinth_Walk_Handout_v01.pdf. Labyrinth Around America Лабиринт во всей Америке) предпрогулочный буклет (на английском.

http://www.labyrintharoundamerica.net/Labyrinth_Walk_HandoutES_v01.pdf. Labyrinth Around America folleto de pre-paseo (на испанском).

www.centerforfaithandhealth.org/resources. Center for Faith and Hope. Центр Веры и Надежды. Предоставляет шаблоны для создания бумажных лабиринтов.

Клайв Джонсон

Другие полезные ресурсы для тех, кто интересуется лабиринтами

www.labyrinthlaunchpad.org. Labyrinth Launchpad предлагает бесплатное мультиязыковое обучение и наставничество для ведущих лабиринтов, а также большое количество информации относительно применения лабиринтов и предложения по внедрению лабиринтов в сообществах и организациях.

www.art.tfl.gov.uk/labyrinth. Увлекательное исследование главных работ искусства для лондонской системы метро авторства Марка Уоллингера, который установил лабиринт на каждую из 270 станций.

www.cathedrale-chartres.org/en/,251.html. Лабиринт Шартрского Собора, Шартр, Франция

https://www.sadellewiltshire.com/. Sadelle Wiltshire Meditative Arts предлагают регулярные онлайн-курсы, представляющие лабиринт и использование лабиринта в искусстве (в видео и Фейсбук-группе).

www.centennialparklands.com.au. Лабиринт Сентенниал парка в Сиднее, Австралия

www.gracecathedral.org/labyrinth. Собор Грейс, Сан-Франциско www.graceinhouston.org/visiting-joining/tree-of-life-labyrinth. Лабиринт 'Древо жизни', Божья Епископальная церковь, Хьюстон, Техас

www.labyintharoundamerica.net. Лабиринт во всей Америке. Дом для одноименного проекта, который выводит лабиринт к приграничным штатам континентальной Америки. Создатель и руководитель – Клайв Джонсон, автор этой книги. На Фейсбуке: https://www.facebook.com/labyintharoundamerica/, блог: https://labyintharoundamerica.wordpress.com/

www.labyrinthos.net. Labyrinthos. Предоставляет большое количество информации об истории и тайнах лабиринтов, включая обширную библиографию и путеводители по лабиринтам в разных странах.

www.labyrinths.org/resources/worldpeacelabyrinth05.pdf. World Peace Labyrinth

https://labyrinthsociety.org/tls-365-experience. The 365 Experience предлагает ежедневные примеры событий на странице Объединения Лабиринт в Фейсбуке и на сайте для любого, чтобы рассматривать, обдумывать и использовать, а также с материалами от членов Общества Лабиринт (доступ к вашему лабиринту не требуется для того, чтобы насладиться участием).

www.labyrinthsociety.org/labyrinths-in-places. Labyrinths in Places предлагает спектр ресурсов и инструкций для людей или групп которые внедряют лабиринты в разных местах (включая школы, церкви, тюрьмы, консультационные сеансы, выездные мероприятия, общественные парки, а также колледжи и университеты).

www.lessons4living.com/labyrinth.htm. Общие ресурсы.

www.reconciliationlabyrinth.withtank.com. Лабиринт примирения, Южная Африка

www.ssqie.com/. Sacred Sites Quest. Предоставляет студентам информацию о разных культурах, часто вовлекая проекты сообщества с лабиринтом. Просмотрите также личный сайт Реджинальда Адамса. www.reginaldadams.com/.

YouTube и онлайн видео

www.youtube.com/channel/UCvlZ0FybLM_mqho HlT1Nqow. YouTube-канал Объединения Лабиринт, включает видео на разные темы, например, использование лабиринтов в церквях (www.youtube.com/watch?v=6wB19SPNBQg), тюрьмах (www.youtube.com/watch?v=W2uBjA4za-I) и школах (www.youtube.com/watch?v=hkbtv2QR3IA).

www.youtube.com/watch?v=o7u80ZLEh3M Labyrinth History & Walking (История лабиринта и прогулки) созданный Объединением Лабиринт

www.youtube.com/watch?v=shpJpL9SKXM Labyrinth - A Walking Meditation (Лабиринт – прогулочная медитация) авторства кинопроекта Тори Фиоре

www.youtube.com/watch?v=rlPKFeevXZs&app=desktop How to make a Quilted Finger Labyrinth (Как сделать стеганный пальчиковый лабиринт) женщин ЕЛЦА (Евангелическая лютеранская церковь в Америке)

www.youtube.com/watch?v=WJ6J2Haktdc Walking Meditation: Grace Cathedral Labyrinth (Прогулочная медитация: лабиринт Собора Грейс) Кирстен Джонсон

www.labyrinthsociety.org/labyrinth-types. Labyrinth Types - A Guide to the Many Kinds of Labyrinths Found all over the World (Типы лабиринта – гид по многим видам лабиринтов, найденных во всем мире) Объединения Лабиринт

https://www.youtube.com/watch?v=SX_orvEelak. Leaf Labyrinth by Discover Labyrinths (Листовой Лабиринт организации «открой лабиринт»). Стивен Шибли и Ларс Хоулетт показывают, как создать лабиринт, используя опавшие листья.

www.youtube.com/watch?v=f9rt39ieP5E. Lauren Artress on the Labyrinth (Лорен Эктресс о лабиринтах) Боба Хьюза.

http://art.tfl.gov.uk/labyrinth/about/. About Labyrinth by Mark Wallinger (Марк Уоллингер о лабиринте). Художник, привносящий лабиринты в систему метро в Лондоне, говорит о своем вдохновляющем проекте.

www.youtube.com/watch?v=i33t89tnGfU. Creating a Masking Tape Labyrinth (Создаем лабиринт из скотча) Уоррена Линна

www.youtube.com/watch?v=7TjEo6y1_eY. Finger Walking the Chartres Labyrinth Board (Прогулка пальцами по доске с Шартрским лабиринтом)

www.youtube.com/watch?v=jXluF1x1sbo. Healing powers of Labyrinths explained and experienced (Объяснение и ощущения от целительных свойств лабиринта) Лилу Мейс

www.youtube.com/watch?v=I4jyt8KJyYw. A Bit of Labyrinth History (Немного из истории лабиринта) от Guideposts

www.youtube.com/watch?v=DgYTwmgGsJc. Labyrinth Locations (Местонахождения лабиринтов) Объединения Лабиринт

www.youtube.com/watch?v=1aMAuekhi_A. The Search for Meaning in the Labyrinth of Life - Lauren Artress and Phil Cousineau (Поиск значения Лабиринта жизни – Лорен Артресс и Фил Кузино) от VeriditasWebVideos www.youtube.com/watch?v=ik1TdDNKfE8. Sacred Sites Quest Ecuador 2017: Promotional video (Квест по священным местам Эквадора 2017: Рекламное видео) Реджинальда Адамса

www.youtube.com/watch?v=_GE-UBdXbrg How to Make your own Plaster Finger Labyrinth (Как сделать свой пальчиковый лабиринт из гипса) Лиз Лотс

Подкасты

www.labyrinthsociety.org/media/categories/1708-podcasts. Обширное и растущее количество подкастов от Объединения Лабиринт.

www.abc.net.au/local/stories/2015/10/08/4326896.htm. Интервью с Джо Кук, создательницей Тасманской реабилитационной группы расстройства пищевого поведения. Встреча Джо с лабиринтом помогла ей преодолеть расстройство пищевого поведения.

www.abc.net.au/radionational/programs/breakfast/the-labyrinth/2992930. ABC Radio National RN Breakfast интервью с преподобной Д-ром Лорен Артресс.

www.abc.net.au/radionational/programs/spiritofthings/ladies--of-the--labyrinth/6127862. The Spirit of Things (Дух вещей), 'Ladies of the labyrinth' (Дамы лабиринта). Вдохновляющее интервью на ABC Radio National с Лорен Артресс и Эмили Симпсон, чье видение и самоотдача привели к созданию лабиринта в Сентенниал парке в Сиднее.

www.bestofbcb.org/out-002-landscape-artist-describes-his-labyrinth-in-serene-park/. Радиовещание сообщества Бейнбриджа: интервью с Джеффри Бейлзом, создателем каменного лабиринта в сообществе.

www.labyrintharoundamerica.com/LaACJph.mp3. Клайв Джонсон говорит о вдохновении и намерениях проекта «Лабиринт во всей Америке».

http://www.onbeing.org/program/the-science-of-healing-places/4856. *On Being with Krista Tippett* (Как быть с Кристой Типпетт), 'Esther Sternberg– The Science of Healing Places' («Эстер Стернберг: Наука о целительных местах»). Включает размышления о преимуществах лабиринтов как целительных мест.

Благодарность

Мои благодарности адресуются всем учителям, сторонникам и коллегам по прогулкам, кто помогал мне в моем пути по лабиринту; Ти Джею, терпеливому и преданному колли, который сидел возле меня, пока я писал эту книгу; Монике Дуглас-Кларк за прекрасную корректуру; и Великому Божеству – Создателю и Хранителю тайн лабиринта.

Об авторе

Клайв Джонсон (Clive Johnson) – квалифицированный координатор лабиринтов в Veriditas, межконфессиональный священник и поклонник лабиринтов. Это его восьмая книга.

www.clivejohnson.info
www.clivejohnsonministry.com
www.labyrintharoundamerica.net
www.labyrinthlaunchpad.org

Clive Johnson Джонсона:

Picturing God: How to conceive and relate to the Divine (An Anthology)
Fairy Stories & Fairy Stories: Traditional tales for children, Contemporary tales for adults
Arabian Nights & Arabian Nights: Traditional tales from a thousand and one nights, Contemporary tales for adults
Being Spiritual: What this means, and does religion matter?
Understanding Interfaith: The What, Why, and Who

www.ingramcontent.com/pod-product-compliance
Lightning Source LLC
Chambersburg PA
CBHW071354080526
44587CB00017B/3105